ME CAZÓ UN PSICÓPATA
Con máscara de príncipe

Autora: Liliana Marín

ISBN: 9781676974819

Primera edición: Octubre 2019.
© **Book Masters Corp**

Fotografía:
Asesoría Editorial: Massiel Alvarez /Book Masters Corp.
Portada y Diagramación: Germán García/ G2M

ME CAZÓ
UN PSICÓPATA
Con máscara de príncipe

LILIANA MARÍN

DEDICATORIA

Con este libro deseo honrar a miles de hombres y mujeres de la mejor casta, que han sobrevivido una de las experiencias más devastadoras de su existencia. La reconstrucción después de la devastación es difícil, pero no imposible. Yo soy testimonio de ello. ¡Vamos ahora por el rescate del alma!

AGRADECIMIENTOS

Primero que nada agradezco a mi creador, por haberme sostenido durante esta amarga prueba y darme el valor de compartirla, como parte de la misión de ayudar y prevenir, a quienes podrían estar o caer en las garras de un psicópata integrado.

Agradezco a mi hijo, por ser el motor que mueve mi vida.

Gracias a mi editora Massiel Alvarez, por haber consentido, escudriñado y finalmente pulido este libro, para que cumpla su propósito de alertar a unos y desenmascarar a otros, en la tarea de educar, sobre un tema controversial, que algunos no quieren abordar, pero que inevitablemente está causando daños contundentes, en nuestra sociedad.

A Cecilia Alegría, la Doctora Amor, por su amistad, confianza y significativo aporte, como prologuista de este libro.

PRÓLOGO

Con un estilo que involucra al lector y lo mantiene tan en vilo como para leerse todo el libro sin parar, Liliana Marín nos introduce a un tema complejo de manera directa, con testimonios aleccionadores y un lenguaje periodístico ágil y contundente, descriptivo y emotivo a la vez.

La comunicadora social nos presenta un cúmulo de experiencias vividas al lado de un "psicópata integrado", las que coinciden, en cierta medida, con las realidades experimentadas por personas que se acercan a ella a compartir sus penurias amorosas.

El lector encontrará en este libro varias historias bien narradas, con calidad literaria, que lo adentrarán en el campo de la psicología de forma práctica y eficaz. —¿Quién no ha conocido uno o más psicópatas a lo largo de su vida? — La pregunta correcta es si logramos reconocerlos en su momento, antes de que nos arruinaran la vida. Esta obra nos ayudará a entender mejor la personalidad psicopática, para no enamorarnos de alguien que nos hará sufrir o para salir corriendo de una relación inundada de toxicidad.

Son muchas las investigaciones que pretenden comprender mejor la psicopatía, su origen y los diferentes tratamientos que podrían llevarse a cabo con efectividad. Podríamos decir que los manuales diagnósticos diferencian dos maneras de entender la psicopatía: como una **conducta antisocial** o como un **rasgo de personalidad:**

· El **DSM-IV-TR** (Manual diagnóstico y estadístico de los trastornos mentales – Asociación de Psiquiatría Americana) se centraría en su acepción más conductual, como un Trastorno Antisocial de la Personalidad.

· El **CIE-10** (Clasificación Internacional de Enfermedades – Organización Mundial de la Salud) definiría la psicopatía como una cualidad del sujeto y sus conductas solo serían un síntoma de la misma. En su clasificación, la psicopatía estaría dentro del Trastorno Disocial de la Personalidad.

En un interesante estudio de la cátedra de "Psicópatas y Asesinos Múltiples" de la Licenciatura de Criminología de la Universidad de Alicante, España, se aclara la evolución del concepto desde su origen en el año 1809. El médico francés P. Pinel —a quien se le da el crédito de reconocer a este tipo de "locura" como un trastorno mental específico— la describió como un patrón de conducta en pacientes que tendían a realizar actos arriesgados e impulsivos, a pesar de ser racionales. En su opinión, la psicopatía se caracterizaba por falta de remordimiento y ausencia completa de restricciones.

En 1941, Hervey Cleckey (autor norteamericano, clásico en el mundo de la psicopatía) profundizó en los rasgos de estos enfermos "altamente asociales, agresivos e impulsivos, que carecen de sentimientos y de culpa (a veces no por completo), y que serían incapaces de crear lazos de afecto duradero con otras personas (...) Se caracterizan por su superficialidad emocional, trato social aparentemente agradable e incapacidad para aprender de la experiencia. "El psicópata no procesa los hechos o datos que podrían ser llamados valores personales. Es incapaz de comprenderlos", afirma en su libro "La Máscara de la Cordura".

En el 2004, Robert D. Hare distingue 3 categorías de psicópatas:

Psicópata Primario: Es un individuo que presenta un encanto superficial, es inteligente, no presenta delirios ni pensamientos irracionales, es informal, insincero, incapaz de experimentar culpa o remordimiento, carente de juicio práctico, no aprende de las experiencias, demuestra egocentrismo en extremo, pobreza afectiva que le impide amar, relaciones interpersonales escasas y dificultad para seguir un plan de vida estable.

Psicópata Secundario: Correspondería a un individuo que es capaz de mostrar culpa y remordimiento, puede establecer relaciones afectivas, su conducta estaría motivada por problemas de índole neurótico.

Psicópatas Disociales: serían individuos que presentan conductas antisociales y que pertenecen a un mundo marginal y poseen una subcultura propia. Tendrían una personalidad "normal" y serían capaces de funcionar adecuadamente dentro de su grupo, manifestando lealtad, sentimientos de culpa y de afecto.

La mayoría de los psicópatas no son delincuentes, sino más bien sujetos que gracias a su encanto y habilidad para manipular, engañan y arruinan la vida de todos aquellos que se asocian personal y profesionalmente con ellos. No obstante, el psicópata tiene la capacidad de usar la violencia cuando el encanto, la manipulación, las amenazas y la intimidación, no son efectivos para lograr sus propósitos.

Por último, Hare incluye en su categorización a los "psicópatas de cuello blanco". Su inteligencia, historia familiar, habilidades y circunstancias sociales les permiten construir una fachada de normalidad y conseguir lo que quieren con relativa impunidad.

A estos se les conoce actualmente como "Psicópatas Integrados", a los que Liliana Marín dedica el segundo muy bien documentado capítulo de su libro.

"Me cazó un psicópata" nos muestra a las víctimas de una relación "mega-tóxica", que se culpan a sí mismas de sus problemas de pareja; se sienten confundidas, exhaustas y deprimidas, por el daño psicológico que les han causado los psicópatas integrados. Es como si las empujaran, se cayeran y después las acusaran de ser torpes.

Según el psicólogo Iñaki Piñuel, autor de "Amor Zero: Cómo sobrevivir a los amores con psicópatas", los integrados o "domésticos" (hombres y mujeres en igual proporción) son personas que tienen una sofisticadísima capacidad para el mal, son incapaces de ponerse en el lugar de sus parejas, sentir pena, lástima o compasión por ellas.

Sin embargo, distinguirlos no es nada fácil, ya que al inicio tienden a mostrarse como seres encantadores, adorables, magníficos e intachables, y cuando por fin se cae su máscara, dejan ver el personaje siniestro que se escondía detrás de ella.

Este sobrecogedor libro de la periodista Liliana Marín se constituye en un valioso aporte para todos aquellos que desean salir de relaciones tóxicas, o no ingresar a ellas, y darse la oportunidad de vivir una experiencia amorosa plena, sana y feliz...muy pero muy lejos de un psicópata.

Cecilia Alegría, La Doctora Amor
Dra. en Comunicación
Especilista en Consejería de Parejas
Personalidad de Radio y TV.

La misión de informar y ayudar, ante todo

Hubiese preferido no escribir este libro...

Tener que excavar en un pasado amargo, doloroso y vergonzoso, no es agradable para nadie y menos para una persona como yo, que constantemente lucha por vivir intensa e intencionalmente en el eterno presente. Pero Dios tenia otros planes para mí y por eso una tarde, colocó en el camino a una mujer que entre lágrimas amargas y voz entrecortada me contó, una historia de mentiras, traiciones y desengaños protagonizada por un príncipe azul, que juró con sus palabras, besos y acciones; mimarle y protegerle como nunca hombre alguno lo había hecho. Una telenovela, pero de la vida real. Su relato era tan parecido a lo que yo había vivido apenas un año antes, que me descubrí terminando las oraciones de esta mujer a la que llamaremos Rosie...

En un momento de gran susceptibilidad donde ella se encontraba sola, agobiada y con grandes retos económicos; apareció un hombre, que inicialmente, no la cautivó por su físico, pero con el tiempo, la hechizó con sus atenciones, caballerosidad y generosidad. Una cascada constante de detalles y gestos dignos de una reina, fueron inundando su cabeza y su corazón de agradecimiento y ternura, haciéndole sentir algo muy parecido, a lo que llamamos amor.

En muy poco tiempo, el nuevo galán logró que Rosie viera por sus ojos, dependiera emocional y económicamente de él, logrando de esta manera, aislarla de familiares, amigos y miembros de su congregación, para sumergirla en el mundo aparentemente ideal, de este ser generoso, paciente, divertido, tierno y apasionado. Pero la dicha no le duraría mucho porque en cuestión de meses y sin motivo alguno, el príncipe azul se convirtió, no en el sapo de los cuentos, sino en un lobo depredador, manipulador, cruel, mentiroso, infiel, que ahora la amenazaba, la humillaba y la despreciaba. Mientras mi dulce amiga se preguntaba:

— ¿Qué fue lo que pasó? ¿Qué cambio? ¿Cuándo? ¿Cómo? ¿Por qué?

Mientras la escuchaba, recordé que yo también cuestionaba ese extraño cambio en mi esposo, a los ocho o nueve meses de habernos casado con bombos y platillos, en una ceremonia pública y ante dignos ministros de mi congregación. Entonces me di cuenta que había algo más detrás de nuestras historias y al igual que Rosie, yo también necesitaba respuestas, así que puse manos a la obra y me sumergí en todos los escritos, libros, blogs, estudios y videos; con psiquiatras, psicólogos, criminalistas e investigadores, para tratar de entender, porqué algunos hombres y mujeres conquistaban con éxito a sus parejas, con la misma facilidad que las descartaban.

Busqué, leí, escuché, pregunté, investigué, analicé todo, hasta que encontré respuestas muy claras y las compartí con Rosie. Mientras más comparábamos las similitudes y los patrones de comportamiento de su ex y el mío, más corroborábamos que estábamos en el camino correcto. Sin duda alguna, habíamos sido cazadas por depredadores emocionales conocidos en el mundo de psiquiatría y comportamiento humano como:

"PSICÓPATASINTEGRADOS"
"PSICOPATAS DOMESTICADOS"
"PSICOPATAS NORMALIZADOS"

Me comprometí conmigo misma a profundizar en el tema de la psicopatía, para aprender hasta lo más mínimo del patrón de comportamiento que caracteriza a estos seres desalmados e inescrupulosos, que andan por el mundo destruyendo vidas, arruinando carreras, vaciando cuentas de banco y despedazando corazones, sin el más mínimo remordimiento y jactándose de sus canalladas.

En mi investigación encontré detalles alarmantes de cómo en esta era moderna de tecnología, *selfies* y superficialidad, donde no solo se aceptan comportamientos banales y ególatras, sino que se admiran e imitan; los psicópatas integrados han encontrado un caldo de cultivo para sus fechorías.

Estudios afirman que la psicopatía no es algo que se aprende, se nace con un trastorno de la personalidad que convierte a estos seres, en entes malignos y crueles que depredan al más susceptible y parasitan al más ingenuo, sin el más mínimo asomo de remordimiento. Incluso está demostrado que desarrollan una habilidad innata para mentir y manipular, convirtiéndose en camaleones sociales adaptables a cualquier situación, para lograr sus oscuros propósitos financieros, sociales, sexuales o de poder y control.

A diferencia de los psicópatas naturales, es decir, aquellos que violan, matan, descuartizan y hasta canibalizan a sus víctimas, que de hecho existen, pero que son pocos; los psicópatas integrados de los que hablaremos y nos referiremos en este libro, se encuentran entre nosotros compartiendo nuestro día a día y quizá nunca cometan un crimen penalizado por la sociedad, porque son demasiado astutos y escurridizos, como para terminar tras las rejas. Lo que sí seguramente harán por su naturaleza depredadora y maquiavélica es destrozar las ilusiones, los sueños, los recursos y la autoestima de todo aquel que sea escogido o marcado, para llevar a cabo sus malvados planes. Es increíble la habilidad que tienen para dañar el corazón de personas buenas que creen en ellos como su salvavidas, la respuesta a sus oraciones, su bendición o su ángel caídos del cielo, sin embargo, por su trastorno psicopatológico resultan ser embajadores del mal.

Después de esta introducción te preguntarás, ¿Quiénes son? ¿Cómo podemos diferenciar este comportamiento, de otros trastornos de la personalidad o enfermedades mentales como la esquizofrenia, la bipolaridad o el autismo? Pues, solo falta encender la televisión para que los reconozcas por nombre y apellido.

Bernard Madoff, detenido el año 2008 por protagonizar la mayor estafa piramidal de la historia de la humanidad. En casi medio siglo se robó más de 65 mil millones de dólares, de ricos y famosos, pero también de organizaciones caritativas y fondos mutuos de jubilados, que quedaron prácticamente en la calle. Por décadas Madoff fue considerado como uno de los más inteligentes y respetados miembros de Wall Street, todopoderoso e intocable. Hoy se está pudriendo en la cárcel.

Peter Madsen, ingeniero, inventor y emprendedor danés autodidacta. Engatusó a una periodista sueca que se embarcó en su submarino, para escribir un reportaje del genio inventor y nunca regresó con vida, ya que su cuerpo mutilado fue hallado en aguas de la capital danesa, días después.

Fernando Karadima, un sacerdote chileno acusado de miles de violaciones sexuales a monaguillos y seminaristas durante más de cincuenta años, como guía espiritual en ese país.

París, un niño de trece años de edad, originario de Texas, Estados Unidos, quien —por pura curiosidad— como después confesaría, trató de estrangular con sus propias manos a su hermanita de cuatro, y al no conseguirlo, terminó apuñalándola para luego llamar tranquilamente a la policía y reportar el hecho.

La monja de origen japonés Kosaka Kumiko, quien identificaba a golpes, a los niños más sumisos, en una institución de enseñanza en Argentina, para luego entregarlos a los curas, quienes los violaban y ella se encargaba de ocultar la evidencia. Los testimonios de las víctimas indican que Kumiko también participaba activamente de las vejaciones.

Ike Turner, el exesposo de la famosísima Tina Turner ya fallecido, pero que por dieciséis años, atormentó a su joven y talentosa compañera, golpeándola brutalmente, denigrándola y explotándola. Recientemente la cantante reveló para un programa de televisión alemana uno de los episodios más traumáticos de su vida. El músico la llevó a un burdel para que presenciara un show sexual y grotesco en vivo, como regalo de noche de bodas, cuando aún ella era una adolescente.

Personas como las antes mencionadas pueden ser consideradas psicópatas o con rasgos psicópatas de acuerdo a la tabla de clasificación, estudios e investigaciones, lideradas por expertos en la materia. Por décadas, han analizado, desde la mujer que de un día para otro, abandona sin ningún motivo aun esposo trabajador y a su hijo recién nacido, hasta los psicópatas clásicos como Jeffrey Dahmer, el terror de Milwaukee, quien por años violó, descuartizó y canibalizo a adolescentes y hombres jóvenes, que caían seducidos por su bondadosa cara y sus finos modales.

Tengo una noticia buena y una mala con respecto a estos ángeles caídos. La buena es que son muy escasas las posibilidades de que en el transcurso de tu vida, te encuentres un psicópata clásico, que te viole, te asfixié y terminé descuartizándote. La mala noticia es que de acuerdo a las estadísticas, te encontrarás con un promedio de sesenta psicópatas integrados, en esta sociedad a lo largo de tu existencia y probablemente alguno de ellos, dejará su sello indeleble de dolor y amargura por algún tiempo en tu vida.

Indagando acerca de los rasgos de los psicópatas, sociópatas, narcisistas o personas con diferentes trastornos de personalidad; sus comportamientos, sus tendencias, el nivel de peligrosidad que pueden representar para las comunidades donde habitan, operan y se desarrollan o la amenaza para individuos como tú y yo; me encontré con una suerte de consenso no estipulado entre todas las personas   que se han interesado por el tema, ya sea por sus respectivas carreras o para despejar sus propias incógnitas, tras haber caído en la trampa de un ser desalmado, como estos. Un acuerdo de divulgar, todo lo que han aprendido, asimilado,   observado o sufrido, a cuenta de sus dolorosas experiencias, con una o un psicópata integrado.

Hoy como periodista y sobreviviente de depredadores sociales, me uno a esta cruzada para ayudar a identificar, desenmascarar e intentar minimizar el daño que podrían causarte a ti. Después de leer este libro, aprenderás a identificarlos y a evitarlos, incluso contarás con información, que bien podría salvar a un ser querido, del encuentro con estas bestias humanas disfrazadas de mansos corderos.

Psicópatas integrados

Su encanto y atractivo físico
los hace irresistibles.

Serán el centro de atención, en cualquier ambiente en el que se desenvuelvan, ya sea en sus lugares de trabajo, la empresa que lideran, en la organización social, donde hacen voluntariado, en los grupos de servidores de la iglesia, en fin, se destacarán por su impecabilidad y amabilidad.

Podrían estar en tus círculos sociales de más confianza, en el equipo de béisbol de la escuela de tus hijos o en la junta directiva de tu condominio. Su obsesión con el poder y el control, les impulsa a perseguir puestos de presidencia o liderazgo. Son escaladores y ambiciosos por naturaleza y harán lo que sea, desde traicionar, hasta amenazar a su competencia, pasando por la seducción y el flirteo a su jefa o falsificando sus calificaciones y estudios para llegar a la cima. No sienten remordimiento, no tienen conciencia moral, por lo tanto, no pensaran dos veces para dejar a los más susceptibles en la calle, trátese de su propia familia o de desconocidos. Son muy hábiles y excepcionales maquinadores de estafas millonarias a costas del ahorro de toda una vida de gente trabajadora. Les encanta estar en el ojo público, persiguen las cámaras, los micrófonos y las luces. Les fascina ser el centro de atención. Su adicción a la adulación y los halagos, se debe a su narcisismo innato, uno de los principales rasgos de este trastorno.

Según los estudiosos del tema, todos los psicópatas los

naturales y los integrados son narcisistas, pero no todos los narcisistas, que son menos dañinos, son psicópatas. Los detectarás por su enorme capacidad para seducir; su encanto y atracción los convertirá en el alma de las fiestas, en la figura central del proyecto, en la personalidad más extravagante, en un verdadero imán para el resto de los humanos comunes y corrientes. Son camaleones sociales adaptables a cualquier público, ya sea en una fiesta de cumpleaños, o en un podio frente a miles de personas. Todos conocemos la historia de individuos como Adolf Hitler a quien se le atribuye la muerte de más de seis millones de inocentes por su capacidad de encandilar multitudes, con una idea maquiavélica, que llegó a seducir a todo un continente.

La política y el entretenimiento son campos tristemente fértiles para sembrar su maldad y conseguir todo lo que ambicionan; poder, dinero y adulación. Como dijo el psicópata clásico e infamemente famoso Ted Bundy, uno de las más sanguinarios asesinos en serie en la historia de Estados Unidos y responsable de la muerte y violación de más de treinta mujeres en una de sus entrevistas televisivas antes de ser ejecutado: —"Somos hijos y esposos y crecimos en hogares normales".

Algunas de las historias que vas a leer aquí, son escalofriantes... me toco cubrirlas como periodista, cuando era reportera de televisión. No son producto de un guionista creativo de Hollywood, sino de la perturbadora realidad de familias, que han vivido el infierno en la tierra, gracias a estos demonios encarnados, que están al acecho en todas las esferas de nuestra sociedad.

Son fragmentos de cartas sin publicar, de los oyentes de mis programas de radio, hasta ahora resguardadas por respeto y porque no había sentido la necesidad de levantar una voz de alerta. Es mi Propia historia, con un hombre que parecía mi alma gemela y que resultó ser un farsante. Son las confesiones de amigos y amigas que entre las lágrimas y decepciones abrieron el corazón, para mostrarme los destrozos que les dejó, lo que el prestigioso Psicólogo Español Iñaki Piñuel llama, "El paso de un huracán categoría 5 por tu vida" ya que justamente a eso equivale, haber sobrevivido una relación con un psicópata.

Este es un fragmento del libro "Sin conciencia" escrito por la máxima autoridad en Psicopatía del mundo" Robert Hare.

"Te escogerá de entre la multitud, te desarmará con sus palabras y te controlará con su presencia. A ti te encantará su ingenio y sus planes. Te lo hará pasar bien, pero piensa que después te pasará factura. Te engañará y luego, te atemorizará su mirada. Y cuando haya acabado contigo y ten seguro que lo hará, te abandonará llevándose consigo tu inocencia y tu orgullo. Te dejará más triste, pero no más sabia y durante mucho tiempo te preguntaras: ¿Que pasó? ¿Qué hiciste mal? Y después si otra persona así, llama a tu puerta, ¿le abrirás? Escrito firmado por un psicópata en la cárcel"

Esta es la sobria y casi perfecta descripción del psicópata integrado, y cuando nos referimos a psicópata integrado, no es "Aníbal el caníbal" que ha popularizado la película

"El silencio de los inocentes", no; es la persona que anda entre nosotros, gente que por años ha incurrido en comportamientos, dañinos, crueles, erráticos violando la ley, las reglas, retando las normas de nuestra sociedad, al margen de la ley, pero escapando hábilmente una y otra vez, las rejas de una cárcel.

ANGELIE,

era la mujer perfecta, hermosa, inteligente, sensual y divertida...

Hace muchos años, conocí a un médico que estaba empezando un negocio de vitaminas   en una gran metrópolis, donde viví por muchos años y con quien establecí una buena amistad. En una de nuestras largas charlas, me contó que en la universidad conoció a una chica   que lo volvió loco, desde la primera noche que salieron... Su nombre era Angelie...

A su imponente belleza, —recalcaba— se sumaba su sencillez, sensualidad y espontaneidad. Era genial, divertida y astuta. No había momentos aburridos con ella. Siempre inventaba algo sabía todo lo que me gustaba y en el momento que lo quería. Se enteró que mi postre favorito era la tarta de manzana caliente con helado de coco y aprendió a hacer la tarta para que yo la disfrutara cada domingo en la tarde, mientras veía mi equipo de fútbol predilecto, junto a mis amigos más cercanos.

Me fascina la ópera, ya que mi padre me inculcó el amor por el teatro desde niño y resulta que a ella también le encantaba. Nunca había encontrado a una muchacha que disfrutara tanto esta expresión del arte.   Era juguetona y tierna como una niña, pero un volcán en la intimidad. Nos podíamos pasar horas y horas hasta días, revolcándonos entre las sábanas casi sin comer, —rememoraba con nostalgia el doctor— Mis amigos se quedaban boquiabiertos con su belleza y aura, no parecía normal, me llegó a decir alguno. Su mirada era intensa y desarmadora, su sonrisa iluminaba todo a su alrededor. Hasta mi familia quedó encandilada con su presencia. Mi madre que era tan celosa y territorial, me sugirió que le pusiera rápido un anillo de diamantes en su dedo, antes de que otro más vivo me la quitara. Si la matrona del hogar que usualmente colocaba "peros" a todas las chicas que le presentaba, había aprobado mi relación tan rápido y de forma tan contundente, entonces, creí que Angelie, era la mujer perfecta para mí. Yo me sentía el hombre más afortunado sobre la faz de la tierra. Nunca nadie me había despertado tales sentimientos. Al mes de conocerla tenía la sensación de no poder vivir sin ella. Era todo lo que cualquier hombre podía soñar en la vida. Una mujer bella, con una inteligencia que la hacía sobresalir en sus clases de medicina, sumada a esa personalidad arrolladora. Había algo que la hacía deliciosamente misteriosa. Lograba cosas que pocos podrían alcanzar. —Imagínate Lili, me decía con ojos de asombro— que sin historial crediticio, el banco le aprobó un préstamo de trescientos mil dólares para adquirir nuestro primer apartamento. Lo mismo sucedió con el auto, pasamos de un coche pequeño y promedio a un BMW convertible —todo esto, sin dinero— yo le decía que no me gustaba nada de eso, porque a la larga habría que pagarlo de una forma u otra y nosotros no estábamos generando los ingresos que necesitábamos, para vivir la vida ostentosa que ella soñaba. Pero la verdad, es que a la larga conseguía, todo lo que se la antojaba, respaldada por mi padre como fiador, quien accedía a sus caprichos, para complacerla y hacernos felices a los dos.

El día de nuestro compromiso fue algo grandioso y emocionante para todos los que me aman. Mis padres alquilaron un restaurante de moda e invitaron a más de cien personas. No solo se gastaron más de treinta mil dólares en el compromiso, sino que invirtieron más de veinte mil, en el anillo que ella misma diseñó. Ahora que miro el pasado, me doy cuenta que nos había hipnotizado ¡a todos! hasta la perrita de la casa salía detrás de ella y no le hacía caso a nadie más.

El desencanto empezó poco después de que nos instalamos en nuestro apartamento. Entonces Angelie, empezó a llegar muy tarde a casa, pasada de tragos y desarreglada, a su regreso del empleo que había tomado, como mesera en un prestigioso restaurant bar de nuestra ciudad. Cuando las borracheras y las llegadas tarde se hicieron insostenibles, le reclamé, explicándole que eso no era aceptable. Ella me contestó, que necesitaba relajarse un poco por el estrés que le ocasionaron los estudios de medicina y los gastos tan grandes en los que habíamos incurrido para vivir como ricos. Se estaba convirtiendo en una persona muy diferente, de aquella dulce y sensual mujer que me cautivó al principio de la relación. Ya no quería intimidad conmigo, —me gritaba constantemente y sin motivo alguno.

Empezó a notarme toda clase de defectos; que si yo no era en la cama tan bueno como me creía. Que era un bueno para nada porque solo contribuía con la mitad de los gastos, en vez de pagar todo como hacían los verdaderos hombres. Que no apreciaba que yo limpiara, cocinara y arreglara todo en el apartamento. Me acusaba de sacarle dinero del banco, cuando en realidad era todo lo contrario, apenas veía que se le bajaba el saldo, yo le consignaba dos mil o tres mil dólares. Las llaves de su carro continuamente se le extraviaban y ella me descargaba en improperios, creyendo que yo se las había escondido, según ella, para que no se desapareciera los fines de semana.

Una noche llego a casa y al no ver a Mitch, el gato que le regalé de cumpleaños, se me abalanzó como una fiera, me tildó de loco y de haberlo secuestrado por celos. Fue entonces cuando le sugerí que buscáramos un consejero matrimonial porque no podíamos seguir así, y yo no estaba dispuesto a perderla. Tras mi petición, soltó una carcajada y me gritó en la cara, que fuera yo. Según ella, era yo quien lo necesitaba. Nuestra vida había dado un vuelco de 360 grados, sin embargo no sabía qué hacer para remediar las cosas. Un buen amigo mío confirmaba esto al decirme, —no la veo feliz— y la verdad yo tampoco lo estaba.

A pesar de todo, yo le hacía toda clase de detalles; le preparaba sus comidas favoritas, la invitaba a escaparnos a nuestros hoteles secretos, pero nada. Las cosas iban de mal en peor. Ya no llegaba a dormir varias veces a la semana. Un día me dio por ir a esperarla después del trabajo —a la medianoche— entonces la vi cómo se subía a un coche de lujo y desaparecía en la oscuridad mientras yo me desgarraba por dentro. Cuando no llegó a dormir ese fin de semana, me dije a mi mismo que debía escapar de esa situación, pero inmediatamente me invadió una angustia y una zozobra que no había experimentado jamás en mi vida. No podía desprenderme de ella, era como una adicción. Cuando estaba a mi lado, me sentía en el paraíso, deseaba que el tiempo de detuviera, pero cuando se alejaba, quedaba en la completa oscuridad. Me sentía desconcertado y totalmente perdido. Entonces recurrí a la sabiduría de mi madre, después de todo, ellas se llevaban muy bien y seguramente desearía toda la felicidad del mundo para los dos, entonces quien mejor que ella para guiarme y aconsejarme. Después de contarle lo que estaba sucediendo, me quedé pasmado ante la respuesta de mi progenitora, ya que, por poco me acusa de ser yo el culpable de que ella se estuviera portando mal. Le recordé a mi madre que ella me había parido y criado con buenos principios y que me conocía como nadie, yo no le estaba mintiendo y además, le aseguraba que yo trataba a Angelie, como una princesa, porque la amaba.

Ella no parecía razonar. — "Pero hijo se ve tan buena, es tan trabajadora" —me repetía. Dos días después mi madre llegó a nuestro apartamento con regalos para mi prometida y con deseos de corroborar la realidad de la situación. Para mi sorpresa, Angelie volvió a su ternura y amabilidad dejándome desconcertado. A pesar de que mi madre se la pasó lanzándome miradas aniquiladoras en medio de los halagos que le hacía mi prometida, yo en el fondo, me sentía feliz. Quizá la visita de la suegra, sus detalles y sus consejos la habían hecho razonar, tal vez yo me había equivocado. Pero no, no estaba equivocado. Tan pronto salió mi madre del apartamento, se desató la furia de Angelie y despectivamente me llamó "mojigato" por haber traído, según ella, a mi mamita para que resolviera problemas que no existían y que yo me había creado en la cabeza.

La situación se fue agravando, al poco tiempo, a mi novia la venían a recoger al condominio donde vivíamos, diferentes hombres adultos y se desaparecía por semanas. Yo la llamaba decenas de veces y hasta salía a buscarla en lugares donde a ella le gustaba a ir. Cuando por fin aparecía me acusaba de celoso y acosador. Sé que esto puede parecer una locura, pero así funcionaban las cosas.

Una noche la descubrí besándose en un auto con el dueño del restaurante donde trabajaba y le reclamé. Simplemente salió del vehículo, me miró con desprecio, y sin decir palabra se metió en su auto BMW y desapareció, hasta el sol de hoy. La busqué por cielo y tierra y nadie supo darme razón de ella, ni sus compañeros de estudios o del restaurante donde trabajaba; ni sus amigos, ni siquiera su familia, sabía su paradero. Mes y medio después, nos empezamos a enterar de quién era esta chica maquiavélica y encantadora, capaz de conquistar al mundo y patearlo en el trasero. Angelie, era una mentirosa compulsiva, según el detective privado que contratamos, era una estafadora que había iniciado su carrera delictiva a los nueve años de edad, robándose las ofrendas de los cofres de su iglesia. Había falsificado la firma de mi propio padre y le había robado más de doscientos mil dólares. Los papeles con los que había ingresado a la universidad eran falsos, el apartamento y su lujoso auto fueron tomados de vuelta por los bancos, dejando muy mal parado a mi padre que le había servido de fiador. Mi pobre madre aún sigue lamentando el dinero que invirtieron en el anillo de compromiso, que por supuesto se llevó.

Pasé meses llorando, aun sabiendo lo malvada que era. Esperaba que cualquier noche simplemente me llamara, me buscara, me dijera que estaba arrepentida y que volviéramos a empezar, pero no volvió. Pase días postrado en la cama y semanas encerrado en un cuarto, casi sin comer. Tuve que dejar la universidad por un tiempo, porque no retenía nada de lo que me enseñaban y no podía dormir. Llegué a pensar hasta en quitarme la vida a los veinticuatro años, porque no le encontraba valor a mi existencia. Estaba convencido de que nadie volvería a hacerme sentir lo que esta farsante me hizo sentir, y aun hoy que recuerdo todo el episodio no puedo evitar sentir una atracción casi fatal hacia ella. —Reflexionó casi incrédulo, mi ingenuo Doctor.

Si logras identificar al psicópata,

¡CORRE! ¡Corre por tu vida!

Ese es el crudo y directo consejo que ofrece el Dr. Robert Hare cuando le preguntan qué hacer si descubrimos que tenemos a un psicópata integrado cerca. El Dr. Hare, tiene por su estudio profundo en el tema, toda la autoridad y experiencia para asegurar, que no es sabio intentar ayudar a una persona con estas características, porque tarde o temprano, cuando lo estime conveniente, te devorará. Es como tratar cambiar la naturaleza de una hiena o un escorpión, ellos van a satisfacer sus instintos y punto. Este renombrado psicólogo, escritor y conferencista canadiense, ha estudiado desde los psicópatas más violentos hasta los más adaptados, por más de un cuarto de siglo. En sus publicaciones advierte, que no existe terapia o tratamiento para la falta de empatía o de remordimiento. No hay cura para la ausencia de conciencia moral o social. Estas y otras características como el narcisismo, la compulsión para mentir, la irresponsabilidad, la infidelidad y la promiscuidad; son típicas en estos demonios encarnados. El Dr. Hare y su equipo de estudiantes de psicología, descubrieron en entrevistas con reclusos psicópatas, cómo podían manipular las sesiones, no solo para tratar de convencer a sus interlocutores de que estaban bien o mal de la cabeza, dependiendo lo que pretendieran conseguir, bien podría ser el traspaso a un manicomio, o una salida temprana de prisión. Si no lograban su objetivo se jactaban de pulir sus mañas con los estudiantes de psicología.

Surge entonces la pregunta: — ¿Los Psicópatas nacen o se hacen?

Esa parece ser una pregunta sin respuesta aún. Todo depende a quién le preguntes y a qué clase de alteración de la personalidad te refieres. Para empezar vamos a dejar bien claro que la psicopatía no es una enfermedad y por ende no se puede tratar o curar. Dentro del espectro de estas personalidades alteradas, están los psicópatas y narcisistas.

En cuanto a la estructura cerebral del psicópata, algunas teorías y estudios sugieren que tienen daño o disfunción en áreas responsables de las emociones y las reacciones como son: el area ventromedial de la corteza pre-frontral, la corteza orbito-frontal, corteza orbirto-frontal lateral, la amígdala y hasta la materia gris periacueductal del cerebro. Algunas conexiones neuronales pudieran ser deficientes, ya que en algunos casos se detecta disminución o exceso de algunos químicos cerebrales. Electroencefalogramas realizados a psicópatas, sugieren que su desarrollo emocional es equivalente al de un niño de siete u ocho años. También se ha descubierto que neurotransmisores inhibidores de la conducta agresiva, como la serotonina, la noradrenalina y la dopamina, casi no aparecen en el cerebro del psicópata.

El Doctor Hare, sospecha que el factor biológico, sumado a una crianza en un hogar tóxico, violento, falto de amor y atención, fácilmente producen estos robots de carne y hueso. Muchos diccionarios y la literatura médica describen la psicopatía como una enfermedad de la mente (psyche "mente" y pathos "enfermedad") pero se ha podido probar que estos individuos no están locos, todo lo contrario, algunos registran coeficientes más elevados que el ciudadano promedio. Quienes por años se han dedicado a estudiar con ahínco y detenimiento a estas criaturas oscuras y enigmáticas, concuerdan en que, lo que les afecta, es un trastorno o desorden de la personalidad, que se define por una serie de conductas con rasgos únicos y característicos, los cuales son desaprobados por la sociedad. No encajan en los parámetros psiquiátricos y legales como desquiciados mentales, ya que sus actos son estudiados, premeditados, racionalmente crueles y dirigidos a dominar, humillar y devorar a otros. De hecho se ha determinado que no experimentan psicosis, desorientación o alucinaciones como la sufriría un esquizofrénico o un bipolar, por ejemplo.

El Psicópata es racional y consciente de lo que hace, a quien se lo hace y sus fines son siempre egoístas y autocomplacientes. Están conscientes de las consecuencias de sobornar, estafar, mentir, violar las normas, pero igual le importa un bledo. No sienten miedo, no temen a las consecuencias, porque son geniales para escabullirse de los castigos. Les atrae vivir al filo del precipicio, ya que son adictos a las emociones fuertes, que los haga sentir vivos, porque no sienten, ni padecen como tú y yo. Envidian tu sensibilidad, tu compasión, tu paciencia, tu generosidad, tu empatía. En el fondo se desprecian a sí mismos, pero lo ocultan muy bien. Son calculadores, manipuladores, hábiles estrategas —por eso se teme que hay tantos en la política y en las grandes estafas piramidales o entre los asesinos a sueldo. Son notoriamente impulsivos ya que se aburren fácilmente, lo que los lleva a estar cambiando de trabajo o posición, lugar o país de residencia. En cuestión de meses se cansan de las personas que juraron amar y cuidar para siempre, a menos que tengan un interés económico o financiero significativo en la pareja o simplemente, hasta que aparezca otra u otro que ofrezca más. Suelen funcionar como pez en agua en áreas como la bolsa de valores donde hay que tener nervios de acero para hacer decisiones en cuestión de segundos. Acuden a los casinos, como avispas al panal, ya que no les tiembla la mano para apostar desmedidamente sin nervios, sin temor a perderlo todo. Les fascina ese ambiente de decadencia y promiscuidad. Son definitivamente adictos a la adrenalina; disfrutan deportes de alto riesgo y velocidades extremas, desafían las leyes y normas sociales, morales o espirituales. Algunos experimentan con las drogas y el alcohol en busca de sensaciones raras, que los sacuda existencialmente.

Una amiga que sospecha que su novio es un psicópata normalizado me comentó, como éste disfruta hundir hasta el fondo el acelerador del coche. Me ha confesado ella, con algo de recato, que se ha enfrascado en agrias peleas con él, porque lo pilla apostando carreras con jovencitos, que al verlo al volante de un carro deportivo, lo retan y sin más ni más, como si se tratara de un juego de niños, él responde al desafío sin medir las consecuencias.

"Parece no importarle causar un accidente, o ser detectado por la patrulla de carreteras o mucho menos que yo me asuste o me ponga ansiosa."
—Añade desconcertada.

En la tercera edición del libro sagrado para clasificar las enfermedades mentales conocido como "Manual de desórdenes mentales y diagnóstico" de la Asociación Americana de Psiquiatría, publicado en el año 1980. Se compara la psicopatía o sociopatía, con el desorden de personalidad antisocial, que consiste en comportamientos antisociales y criminales, en la que se encuentran la mayoría de los criminales comunes. En una revisión, realizada en el año1994, se hace la distinción, de que la mayoría de los que cometen crímenes comunes no son psicópatas, ya que los psicópatas asimilados, en un altísimo porcentaje, logran evadir la cárcel la mayor parte de sus vidas, lo que refleja lo astutos y escurridizos que son. Lo interesante es que sus mañas pueden ser detectadas desde temprana edad, si se cuenta con la información y el apoyo profesional adecuado, ya que desde la niñez empiezan a mostrar conductas agresivas hacia los animales o los más indefensos.

Tal es el caso de Beth, una niña de solo seis años de edad, figura central de un documental en internet, sobre psicopatía infantil, en el que su propia madre habla del demonio que pareciera poseer a su hija. Un día cualquiera, su esposo y ella descubrieron que el incesante llanto de su bebé de siete meses de nacido, se debía a los constantes golpes que Beth le daba en el estómago a escondidas de sus progenitores. La pequeña, descrita en el documental como una psicópata pura o clásica, muestra fascinación por los cuchillos y cuando un psiquiatra le pregunta para que los quiere, responde con toda naturalidad: "Para matar a mamá, papá y *baby* Benjamín". Desde que gateaba, comentaron sus padres, maltrataba los animales. Lo alarmante es que esta criatura, proviene de un hogar estable donde se le ha proveído con atención, cariño y estabilidad familiar, porque hay quienes argumentan que los niños con esta clase de agresividad, son producto de hogares donde hayan sido abusados física, psicológica o sexualmente, y en algunos casos, ignorados y despreciados por sus progenitores; eso no es necesariamente cierto, como acotan muchos profesionales de la salud mental.

Otro caso que hizo titulares a principio de febrero del año 2007 fue el de un niño de trece años de edad, en Texas, Estados Unidos, de nombre Paris; que apuñaló diecisiete veces a su indefensa hermanita de cuatro años de nombre, Ella.

Charity Lee la madre de los dos hermanitos había salido a su trabajo nocturno en un restaurante, como de costumbre, y dejado a sus hijos con la niñera. Al terminar el turno de aquel domingo, se disponía a recoger sus pertenencias y regresar a casa, cuando vio que llegaron al establecimiento varios policías y tuvo un mal presentimiento. —"Su hija ha sido apuñalada mortalmente" — le dijo en voz baja uno de ellos. La mujer dice que se desmayó del dolor y cuando se repuso, exigió ver a su hijo mayor, París. El detective a cargo del caso le informó que no podía verlo, por lo menos hasta el otro día, ya que había confesado que él había asesinado a Ella. Esta fue la llamada que París hizo al 911 después de hablar varios minutos con un amigo, tras quitarle la vida a su hermanita:

— Paris: Accidentalmente maté a alguien.

— Operador 911: ¿Accidentalmente mataste a alguien?

— Paris: No, sé que lo hice. A mi hermana.

— Operador 911: ¿Está ella respirando?

— Paris: No, no lo está haciendo, me siento tan mal.

— Paris: Está sangrando por toda esta cama, porque la apuñalé.

— Operador 911: ¿Dónde la apuñalaste?

— Paris: En muchos lugares

Once Años después de ese horripilante episodio Charity Lee, decidió hablar sobre el caso para un documental de "Investigation Discovery" titulado "La familia que tuve" con la intención de alertar al mundo, sobre los peligros de obviar los comportamientos agresivos o antisociales de los niños. Su hijo Paris, ya había intentado atacar a alguien con un cuchillo en el pasado.

"Perdí a mis dos hijos ese domingo de *Súper Bowl*" —dijo la madre— reflexionando sobre el episodio más negro de toda su vida. París fue arrestado y seis meses después, sentenciado a cuarenta años de prisión. Actualmente, está en la Unidad de Ferguson, en el Condado de Madison, Texas, donde lo visita cada dos o tres meses y donde probablemente permanecerá hasta que cumpla su condena. "Mi primer hijo, mi primer amor es un depredador" —lamentó la madre— A los quince años, París fue diagnosticado como psicópata moderado o rasgos insensibles y sin emociones.

Aunque no soy psicóloga ni psiquiatra, considero humildemente que con toda la literatura e información que he digerido durante estos últimos años, de los máximos expertos en psicopatía en el mundo, el diagnóstico de París está incompleto. Psicópata sí es, pero no, moderado. ¿Cómo le van a llamar psicópata moderado a un niño que desangró a puñaladas a su angelical e indefensa hermanita de cuatro años? Si este Muchacho hubiese quedado libre por cualquier razón, seguramente seguiría su baño de sangre con otras víctimas. París es lo que le llaman los expertos un psicópata clásico, con el triste potencial de convertirse en un criminal al peor estilo de Harvey Miguel Robinson, un asesino estadounidense que a sus 18 años, fue condenado a muerte en el estado de Pensilvania, Estados Unidos por haber atacado en el año 1993 a cinco mujeres, cegando la vida de tres de ellas.

El doctor Hare hace hincapié en la renuencia que existe en el sistema escolar y médico de países industrializados, para hacer un pronóstico de psicopatía en niños, por miedo a las demandas legales y lamentables auto-profecías, que lógicamente, nadie quiere que se cumplan en éste, ni en ningún otro caso.

Si el romance parece un cuento de hadas,

probablemente sea falso...

Rosie había desaparecido del mapa, no llamaba, no la veía en redes sociales, no sabía de ella, hasta que repuntó en uno de los Radio Maratones que solemos llevar a cabo en mi estación radial, varias veces al año. En cuanto pude me acerqué hasta su puesto, para abrazarla y agradecerle su cooperación con la causa. Aunque no la conocía por tanto tiempo, habíamos empatizado instantáneamente, la primera vez que nos vimos, un año atrás, porque era comunicativa, amigable y se le notaba su bondad y ternura, cualidades que un depredador integrado olfatea a leguas. Esta vez parecía ansiosa por desahogarse, necesitaba que alguien la escuchara y la sacara del túnel negro que estaba transitando en ese momento. En sus ojos podía leer el desconcierto y la zozobra que la invadía. Apenas se calmaron los repiques de los teléfonos, entramos de lleno y sin frenos en el tema. Me confió una historia tan espantosa como triste; la habían desfalcado física y emocionalmente.

Un lunes cualquiera en la tarde, Rosie, ansiosa esperaba en la fila de una ferretería para pagar por los cables con los que intentaría reiniciar la batería de la camioneta, que se había descargado a cuatro cuadras de allí. De repente escuchó una voz fuerte y amigable justo detrás de ella, que le preguntó.

• ¿Qué te pasó, le ocurrió algo a tu carro?

• Sí, me quede varada cerca de aquí, —respondió ella— deseosa de que alguien la ayudara.

• Puedo ir a verlo si te parece, soy mecánico, —añadió el buen samaritano.

• Mis oraciones han sido escuchadas, —pensó mi ingenua amiga.

No solo le cargó la batería del auto, sino que esperó media hora, hasta que estuviera bien potente y acto seguido, se ofreció escoltarla hasta la puerta de su casa para asegurarse de que no se volviera a quedar varada en el camino.

• Me sentía tan agradecida —me enfatizaba Rosie— recordando la angustia que sintió. —Porque en grandes ciudades como esta, ya no se encuentra gente así, Lili—

Antonio, el mecánico le entregó una tarjeta con sus números de teléfono y como localizarlo, en caso de que lo necesitara, ella por cortesía hizo lo mismo y desapareció silenciosamente, en el ocaso de aquel lunes.

EL miércoles en la noche, el mecánico llamó a Rosie, con una oferta casi irresistible, diciéndole:

• Mira mi niña, ¡tengo una buena noticia para ti! como vi que tu camioneta está en mal estado, te ofrezco un auto que tengo en mi taller a excelente precio y puedes pagarme a plazos, cuando puedas.

Ella le agradeció el gesto pero no estaba lista para endeudarse así. Antonio insistió:

• Por lo menos ven a ver el auto y luego me dices lo que piensas, ¡sin compromiso! ¿Qué crees? —Eso la tranquilizó.

Ese viernes en la mañana, llegó sin mucho entusiasmo y pocas expectativas hasta el taller de este buen hombre. Sorpresivamente se enamoró del auto, porque era un convertible, irónicamente de su color favorito; no tenía muchas millas y como si fuera poco, lo que estaba pidiendo por él, era ridículo. Así que no lo pensó dos veces y le hizo un cheque a Antonio, por un monto casi simbólico, para cerrar el trato y tras respirar profundo, no podía creer su buena suerte.

Dos días después estaba redescubriendo las calles de Miami en un descapotable, con la sensación de que de ahí en adelante, las cosas iban a mejorar. No podía evitar sentirse optimista y agradecida con la bondad de un desconocido, que ella creía, Dios le había puesto en el camino. No dudó en aceptar la invitación a cenar que él le hizo días después, para celebrar su nueva adquisición y el nacimiento de lo que Antonio llamó: "una hermosa amistad, concebida en el cielo." Hasta las nubes la llevó aquella noche con sus atenciones y detalles. No solo escogió uno de los restaurantes más famosos de comida italiana de Miami Beach, sino que la colmó de sorpresas y regalos, matizados con chistes e historias ligeras, que la mantuvieron entretenida por varias horas hasta que llegó la cuenta.

—No me quería imaginar lo que le tocó pagar, ya que nada más la botella de vino costaba 180 dólares. —Recordaba ella.

Rosie me confesó, que nunca le pasó por la mente, pasar un rato tan agradable, con un hombre que no le atraía físicamente en lo más mínimo, pero era encantador, —recalcaba ella— Nada tímido, generoso, divertido y espontáneo.

Al próximo día le llegó un ramo de rosas rosadas a su trabajo y todas sus compañeras empezaron a especular, sobre un nuevo galán, en la vida de esta bondadosa mujer, que hasta entonces había tenido amargas experiencias con los hombres. Dos días después el "buen Samaritano" la estaba invitando a un concierto de los Gipsy Kings, en Boca Ratón Florida y cuando ella le dijo, que no podía porque tenía que trabajar hasta tarde, aquel viernes del concierto, entonces él se presentó en la mañana, con croquetas y pastelitos para todos, en la oficina y se las arregló para convencer a la jefa, para que la dejara ir más temprano. Rosie quedó atónita al ver que a pesar de lo intransigente que era su jefa, la determinación de Antonio fue mayor, con tal de lograr su objetivo.

Más tarde, después de dos horas de música y sonrisas la llevó a bailar y para terminar la velada con broche de oro, fueron a desayunar a un restaurante a la orilla del mar. Tras dos semanas consecutivas de salidas, fiestas, conciertos, cenas y regalos, que iban desde joyas finas hasta masajes en hoteles cinco estrellas. Rosie todavía con un dejo de angustia me decía:

• Yo le insistía que no gastara tanto dinero en mí, pero él me ignoraba.

Recordando, al mismo tiempo, lo que él le decía desde que la conoció: —"Verte dichosa me hace muy feliz".

Llevaban un mes, saliendo cuatro o cinco veces a la semana, cuando él se enteró de que ella tenía que buscar un nuevo lugar donde vivir, porque el cuarto que tenía alquilado, se lo darían al cuñado de la dueña de la casa, en la que había residido los últimos tres años. Él sin preámbulos, la invitó a vivir en su casa, donde tenía disponibles varias habitaciones. Ella rechazó la propuesta, porque no quería abusar de su confianza y además quería evitar otro tipo de compromiso, por el hecho de tenerla bajo su propio techo.

Rosie buscó insistentemente un lugar donde vivir, aunque tuviera que pagar un poco más, pero no encontró nada. La desesperación la invadió, cuando solo faltaban días, para que se cumpliera el plazo que le habían dado para mudarse. No le quedó otra alternativa que recurrir de nuevo al "Buen Samaritano" que la vida le había puesto en el camino, solo unas semanas atrás. Él, ni corto, ni perezoso, no solo le remodeló completamente el cuarto donde ella viviría, sino que se encargó de mudarle las pocas cosas que ella tenía. Una semana después, Antonio le sacó lágrimas de alegría, cuando al llegar del trabajo, la sorprendió con un televisor de 50 pulgadas con sonido digital, un colchón nuevo, porque a él le parecía que el de ella, le dañaría la espalda.

Continuó Rosie diciendo...

—No podía creer lo que este hombre hacía. Nunca nadie se preocupó así por halagarme o cuidarme. Me sentía tan privilegiada, que empecé a enamorarme de él, de sus sentimientos, su devoción hacia otro ser humano, su desprendimiento y su forma de suplir la necesidad de otros. El acceder a acompañarme a la iglesia y querer entablar una relación con Dios, como la tenía yo, fue lo que terminó por convencerme de que quizás él era el hombre que el creador había escogido para mí, porque me podía hasta leer el pensamiento.

Disfrutaba viajar, encajaba naturalmente con mis amigos y familiares, podía trabajar hasta veinte horas sin parar y naturalmente le gustaba ayudar a sus semejantes. No había momentos monótonos a su lado, porque cualquier martes o miércoles se inventaba un viaje a Key West o un maratón de baile en la casa. Era excelente bailarín y tenía una risa contagiosa. En la iglesia se convirtió en toda una personalidad porque no solo hacía grandes ofrendas, sino que estaba a la disposición de todo el que lo necesitara. Por eso cuando meses después me tocó desenmascarar al lobo vestido de cordero nadie pudo o quiso creerme.

Al mes y medio de vivir bajo su techo, tuve que hacer un viaje a mi país de origen. Mi abuela, estaba grave, y los médicos le daban solo semanas de vida. Cuando lo platique con Antonio, él respondió como esperaba; compasivo y comprensible me dijo que me fuera en paz, que él me esperaría. Pero que empezará a pensar en formalizar nuestra relación, ya que el quería casarse conmigo y deseaba que yo le hablara a mi familia de esos planes. Yo me sentí halagada, después de todo él era todo lo que una mujer espera en la vida, un hombre bueno, honesto,

60

y trabajador que la proteja y la mime. Eso era mí Antonio, un hombre que creía, amaba y se estaba "sometiendo" a Dios —o por lo menos eso me hizo creer— Con él que podía escudriñar las sagradas escrituras y buscarle un sentido pleno y genuino a la vida.

Antes de partir, dejé todo a su cargo, mis joyas, mis tarjetas de crédito y unas pinturas valiosísimas que había heredado de mi abuelo pero que nadie, excepto yo, sabía cuánto costaban. Me marché tranquila, convencida de que tendría todo el apoyo moral, espiritual y económico de un ser maravilloso, que en poco tiempo había ocupado un lugar, que jamás había tenido hombre alguno en mi corazón. Al llegar a mi país, las cosas empezaron a cambiar ya que el primer día me llamó y luego el celular empezó a sonar menos y menos. Cuando lo llamaba en la madrugada, casi nunca contestaba y las pocas veces que lo localicé, noté un desgano en su voz. Parecía deseoso de cortar rápido la conversación y en dos ocasiones le pregunté que si le pasaba algo, y él se limitaba a decir que estaba trabajando mucho y durmiendo poco. Corroboré que algo serio estaba sucediendo cuando llegó el día de san Valentín y él no me llamó. Yo asumí que estaría algo disgustado porque ya llevaba un mes en mi país y no hablaba de regresar, porque mi abuela seguía delicada, pero gracias a Dios, continuaba con vida y todos le atribuían esa mejoría a mi presencia, ya que durante mi niñez fuimos inseparables, así que no podía correr a lado de mi amado, aunque lo deseaba con toda el alma. Cuando por fin pude regresar al dejar a mi abuela más recuperada, me encontré con un hombre distante y seco que me tenía preparada la mayor

cuchillada emocional que jamás había recibido en la vida. Antonio me fue a recoger al aeropuerto, pero casi ni me habló en el camino de regreso a casa. Le pregunté en varias ocasiones si le pasaba algo, porque lo notaba tan extraño.
—No me pasa nada. —insistió él.

Al llegar a la casa se encerró en su cuarto y solo salió una vez, en la tarde, para buscar algo de beber. A la mañana siguiente se levantó muy temprano y regresó a la medianoche. Así lo hizo varios días, hasta que me pidió que por favor ya no le cocinara o le lavara la ropa; un acuerdo al que habíamos llegado, como forma de retribuirle parte del alquiler del cuarto en su casa. Definitivamente algo había cambiado en él. Yo estaba totalmente consternada y frustrada. Sabía que por mi parte no había hecho absolutamente nada para disgustarlo de esa manera, pero él no me explicaba nada, me hablaba lo necesario, —casi en monosílabos— y empezó a mirarme raro, como un perfecto extraño.

Yo me estaba desquiciando. Entonces empecé a buscar las respuestas que él no me daba y descubrí su telaraña de mentiras, su traición y al verdadero desalmado que se escondía, tras esa fachada de hombre noble y trabajador. En un cajón de mi mesita de noche encontré ropa interior femenina y atrevida, que no era mía. En el cuarto de él, un cepillo de dientes morado, que no era el suyo, pestañas postizas, así como cabellos claros y largos regados en el piso. A la entrada de la casa, colillas de cigarrillo con pinta labios y en su *Facebook*, una foto con una mujer que parecía sacada de un burdel de mala muerte. Yo casi me muero, no podía creer, la manipulación y el descaro.

—¿Cómo podía exhibirse con una mujer así? ¿Quién era?, ¿dónde la había conocido?, ¿cuándo? Al pensar en esto, me desmoroné, como un castillo de naipes, por haber creído tantas mentiras, por pensar que mis dones de mujer atractiva, trabajadora, honrada y mis buenos sentimientos, eran suficientes para que cualquier hombre me valorara, y en especial éste, que no era nada atractivo y aparentemente no tenía mucho que ofrecerle a una mujer. Derramé lágrimas durante cuatro horas seguidas, me sentía burlada, humillada y pisoteada. Apenas pude recuperarme un poco empecé a llamarle al celular hasta que contestó.

—Necesito que hablemos muy en serio— le advertí. Él se quedó callado, mientras yo seguía insistiendo, porque tenía muchas preguntas y la cabeza me iba a estallar. —Vente ahora mismo a casa para que hablemos, —le insistí. Hasta que por fin él me dijo que llegaría tarde esa noche. Yo lo esperé envenenada. Con los ojos y el corazón hinchados por el dolor, quería pensar que todo se podía arreglar y era hasta capaz de perdonar, el que se haya distraído con otra mujer. No obstante, me esperaba una amarga sorpresa, el "Buen samaritano" se había quitado la máscara y ahora iba a conocer al verdadero Antonio. Para empezar entró por la puerta como un toro, con el rostro desfigurado por la ira. Su voz era ahora áspera e impaciente y en sus ojos había un brillo extraño, como cuando alguien está drogado o en alguna clase de trance. Le hablé bajito y con ternura, con palabras entrecortadas, porque no podía ni respirar adecuadamente. ¿Qué te pasa? ¿Qué te hice? —Le pregunté— No entiendo porque estás tan agresivo, tan diferente, después de estas semanas que estuve fuera. Él apenas me permitió hablar. —Por favor deja el drama, que pareces mi mujer y no lo eres, dime que querías hablar con tanta urgencia. —Vociferó. Entonces saqué el *Babydoll* y lo puse sobre la mesa y le dije, —encontré esto en una de las gavetas de mi nochero. ¿De quién es? Cómo es posible que traigas mujeres a esta casa y las hospedes en mi cuarto, que falta de respeto— le dije, ofendida. También encontré el cepillo de dientes y las colillas de cigarrillos a la entrada de la casa ¿De quién se trata? ¿Cuándo la conociste? —Yo no paraba de preguntar, hasta que por fin, se dignó a responder solo me dijo: — ¡Eres una ridícula! —se dio la vuelta y se marchó de nuevo.

Yo me quedé estupefacta. No podía creer lo que había pasado, pero esto era solo el comienzo de una pesadilla que duraría varias semanas. Cuando apareció al día siguiente me pidió que me fuera de la casa lo antes posible o llamaría a la policía. Yo le recordé que no tenía a donde ir, ni dinero para rentar un cuarto en otro lado. Yo acababa de llegar, después de pasar un mes con mi abuela enferma, había agotado el poco dinero que tenía y no estaba trabajando todavía. Pero el fríamente me dijo:

—Eso no es problema mío. Necesito que te largues mientras más rápido mejor— Me gritó. Yo temblando me arrodillé a orar y a llorar.

Desesperadamente, empecé a buscar un empleo, para poder irme de allí, lo antes posible. Salía de la casa a las siete de la mañana y regresaba a las nueve de la noche y si veía el auto del hombre a la entrada de la casa, me quedaba afuera hasta que el volviera a irse. Un día mientras dormía, escuché como Antonio y una mujer, entraban a la vivienda, aparentemente borrachos o drogados, riendo a carcajadas. Fueron a la cocina por algo de beber y luego se quedaron en la sala, con la música a todo volumen, hasta que amaneció. Dos días después cuando salía como de costumbre, a eso de las siete de la mañana, me los topé, cuando estaban entrando a la casa y ella me enfrentó tenebrosamente.

—¿Cuándo es que te piensas ir de la casa? — me preguntó en inglés.

Yo seguí caminando, tratando de ignorarla, pero ella me agarró por el cabello. — ¡Suéltame! —le ordené y salí corriendo, mientras escuchaba como Antonio se reía. Entonces me di cuenta que corría peligro. Ya no se trataba de mi ego o corazón roto, sino de mi vida. Esa misma noche llene el baúl y la parte trasera del auto con mi ropa y artículos de limpieza personales y salí de allí, despavorida. Dormí varias noches incómoda, pero convencida que en mi coche correría menos peligro, que bajo el mismo techo, con dos almas endemoniadas. Solo tres meses después de este desagradable episodio, me enteré que se habían casado. —Concluyó Rosie.

Luego de escuchar esta historia con todos sus detalles, no puede evitar comparar el comportamiento de Antonio con el de mi exesposo; había tantas coincidencias: El cambio repentino de la noche a la mañana, sin motivo aparente. La frialdad y distanciamiento, el bombardeo amoroso colmado de promesas y su cambio en pocos meses. Sin proponérmelo, me convertí para Rosie, en su paño de lágrimas; en la amiga incondicional que no juzga ni condena, además de entender a la perfección lo que me estaba platicando, porque lo había sufrido en carne propia. Y eso es precisamente, lo que recomiendan los psicólogos y psiquiatras, cuando eres descartado por un psicópata, crear una sólida red de apoyo entre tus familiares y amigos más cercanos, para que te ayuden a resurgir entre las cenizas.

Además de buscar ayuda terapéutica, por parte de profesionales serios, que tengan bastante experiencia con víctimas de psicópatas. Salir solo de esta pesadilla es muy difícil, y que el camino hacia la recuperación es largo, estarás más expuesta a las recaídas; recuerda que los expertos hablan de, que hasta siete veces intentarás alejarte del psicópata, antes de lograrlo y como si fuera poco, estarás constantemente cuestionando la maldad y la bondad de tu verdugo, es decir, la forma como te traicionó, pero te hacía el amor como nadie; te robó, pero te llevó a las Vegas en un viaje sorpresa. Es lo que los profesionales en el comportamiento humano llaman, "Disonancia cognitiva" que no es otra cosa, que una verdadera tortura.

Al escuchar a Rosie, la sentía defraudada, engañada y burlada como me sentí yo, cuando pasé por lo mismo. Los expertos hablan de una destrucción de adentro para afuera. A menos que hayas pasado por esa experiencia, entenderás de lo que hablo, porque es muy difícil expresar con palabras, el estado de agonía, en que te dejan estos depredadores.

Descubrí muchos videos de mujeres y algunos hombres que fueron depredados por psicópatas. Encontré menos casos de hombres, no porque haya menos mujeres depredadoras, necesariamente, sino porque los hombres son más reacios a hablar de sus "fracasos" pérdidas o humillaciones y menos públicamente. Dicen que por cada mujer psicópata hay tres hombres que están depredando socialmente.

MEREDITH...

Una chica sensacional, con una vitalidad contagiosa y un cuerpo de sirena.

De los pocos que lo han hecho, recuerdo que me quede perpleja por la valentía de un joven de 33 años, que habló por más de una hora, de la experiencia que tuvo con una psicópata que le hizo creer a él y a todo su entorno que lo amaba, lo respetaba y que estaría a su lado por el resto de su vida. El muchacho es un exitoso empresario, que constantemente llevaba a cabo conferencias alrededor del mundo, exponiendo diferentes tópicos acerca el calentamiento global, los mitos y realidades de las criptomonedas o la adicción a las redes sociales, entre otros temas de interés social, mental y financiero. Este dinámico chico, paralelamente realizaba convenciones sobre crecimiento personal y se la pasaba rodeado de hombres y mujeres, que por años han cultivado y promovido las virtudes de ser mejores seres humanos, en todos los niveles de nuestra existencia. Me llamó mucho la atención el testimonio de este hombre en particular, porque estamos hablando de un emprendedor, extremadamente exitoso en su campo, muy bien parecido, locuaz, inteligente y con acceso a toda clase de información sobre la mente y sus desviaciones.

Incrédulo y aun abrumado por su experiencia, describe en *youtube*, como una mujer lo sedujo, lo conquistó y lo atrapó, con sus encantos. Los socios de este hombre, describen a Meredith, como una chica simplemente sensacional, con una astucia inusual para una chica de su edad, con una vitalidad contagiosa y un cuerpo de sirena. Resultó que la atractiva y creativa Meredith, era una *"call girl"* es decir, una acompañante de hombres ricos y según relata la victima en el video, sus frecuentes viajes los fines de semana a la costa oeste, de los Estados Unidos, no eran por cuestiones de trabajo como ella aseguraba, sino para encerrarse en lujosos hoteles con el mejor postor. Su esposo descubrió la doble vida que llevaba, gracias a que un conocido suyo le envió un mensaje de texto, un viernes por la noche, sugiriéndole que mirara una página donde aparecía una chica igualita a su esposa, en un yate de lujo. Ofendido, pero curioso, el joven emprendedor se dirigió a la página y buscó un rostro parecido al de su amada, hasta corroborar que efectivamente era su mujer. Cuando llamó a Meredith para que le aclarara la situación y aun siendo confrontada con las fotos en el yate, que mostraban claramente un peculiar tatuaje que ella llevaba en un una pierna, copias de las llamadas interminables a un número en particular en Los Ángeles y las nuevas y costosas joyas que traía cuando regresaba de sus viajes, Meredith lo negó todo, una y mil veces. Luego lloró, se enojó y pataleó, pero no aceptó que era ella. Alegó que era un montaje o alguien que quería perjudicarla. Se inventó varias historias tan elaboradas, que hacían dudar a su esposo, a pesar de las evidencias.

Los expertos advierten que estos depredadores sociales, tienen una habilidad innata para mentir, y que a pesar de ser descubiertos *in fraganti*, tienen el descaro de tergiversar las cosas hábilmente y hasta hacerte dudar de tus convicciones, verdades o sanidad mental. En la década de los años 40, se produjeron varias películas sobre los abusos psicológicos de un hombre contra su esposa, a quien pretendía enloquecer, para quedarse con su fortuna. El título de varias cintas era *"gaslighting'* y ese término fue acuñado, para describir una de las etapas a la que usualmente, someten los psicópatas a sus víctimas, cuando ya están enfrascados en una relación seria con ellas. El objetivo es debilitarlas emocional y mentalmente hasta hacerle dudar de su sanidad mental o su inteligencia. Pero para llevarte allí, el psicópata te habrá paseado por el paraíso terrenal, en lo que se conoce como, "Bombardeo Amoroso" etapa en la que, como el nombre lo sugiere, te bombardean constantemente con detalles, sorpresas, regalos, conceptos, gestos, caricias y verborrea incontenible.

Los psicópatas integrados son encantadores, profesionales; dueños de una sorprendente habilidad para conquistar y mimetizar tus más profundos deseos. Por desgracia, será uno de los encuentros más intensos que jamás hayas experimentado en tu vida y si estás leyendo este libro, es que porque quizá, ya lo has vivido en carne propia. En una relación como esta, te encontrarás expresando y haciendo cosas que nunca pensaste que podías hacer y para bien o para mal, será algo que jamás olvidarás.

KIMBERLY...

La mujer más bella y audaz que
Leonardo había visto en su vida...

Un oyente de mi programa radial, me envió un correo electrónico suplicándome que por favor colocara su caso a consideración del público, pero por tratarse de una estación radial conservadora, y por falta de tiempo preferí escucharlo con un equipo de colaboradores, para poder guiarlo de la mejor manera posible. "Leonardo" su nombre es ficticio, daba clases de química en una Universidad Neoyorquina cuando descubrió a Kimberly...

— ¡Era la mujer más bella que había visto en mi vida! — dijo casi suspirando: Alta, rubia, con un cuerpo escultural y unos ojos preciosos. Ella sabía muy bien que era el centro de atención, dondequiera que llegaba y se aprovechaba de eso. Desde el primer día de clases, empezó a coquetearme, pero yo ni loco me iba a dejar seducir, primero por ética, segundo, porque estaba felizmente casado y tercero, porque no me gustaban las mujeres que se creen irresistibles. Lo que yo no sabía es que Kim había hecho una apuesta con unas compañeras de clase de que podía no solo conquistarme, sino enloquecerme. Dispuesta a lograrlo, comenzó por sorprenderme con una fiesta de cumpleaños en un restaurant cerca de la universidad, a donde llegaron sus compañeras de estudios y dos colegas míos que también fueron invitados. Mi esmerada alumna no solo pensó en la torta de higos con queso, que me encanta, sino en la comida mediterránea —que es mi debilidad— también se las ingenio para conseguirme boletos para el show de Broadway más aclamado en aquel momento. Cuando pude apartarla del grupo y decirle que de ningún modo aceptaría esos costosos boletos, se echó a llorar como una niña y me conmovió. Ahora sé que se especializaba en escenas de llanto. Se propuso llegar a clase antes que los demás con un café caliente en una mano, un croissant en la otra para mitigar mis largas tardes de trabajo y por supuesto, unas minifaldas para desconcentrarme. La próxima vez que estuvimos solos, fue en un rincón del salón de fiestas donde dos miembros de la facultad organizaron la celebración de la navidad y a la que decidieron invitar a un grupo selecto de estudiantes. Allí fue donde perdí la cabeza, gracias al ambiente de fiesta, y la docena de tequilas que me tomé. Cuando me desperté estaba perdido en un lugar, igualito al cielo con ángeles y todo. Kimberly me miraba con ojos insinuantes y sonrisa maliciosa. —"*Tu es magnifique*" —me dijo en un susurro. Entonces fue cuando me di cuenta dónde estaba, con quién estaba y el grave problema que me había echado encima. Me paré de la cama de un salto y le imploré a mi estudiante, que por favor no dijera nada, que se olvidara de todo y que no nos podíamos volver a ver así, nunca más. Ella me miró y sonrió maquiavélicamente. — ¡Me asusté! — Algo me dijo que este era solo el principio de mi pesadilla. Después de ese encuentro, Kim me acechaba en la cafetería, en los baños, en el estacionamiento de la facultad. Hasta que me despertó un instinto animal que ni yo mismo sabía que existía a mis 47 años de edad. Me empecé a obsesionar por esta chica y ya no me importaban los cuchicheos y chismes sobre nuestra relación, es más, me gustaba que comentaran que éramos amantes y que estábamos locos el uno por el otro. Cuando los comentarios llegaron a oídos de mi esposa, se formó un problema inmenso en mi casa y terminé yéndome a vivir a casa de mi hermana. Eso era precisamente lo que yo deseaba, libertad y tiempo para dedicárselo a este ángel de carne y hueso. Con Kim, redescubrí los restaurantes más exóticos de la gran manzana y vi todas las obras de teatro en Broadway. Viajamos medio mundo, hasta que me despidieron de mi empleo como profesor, por falta de ética.

Cuando la llamé para contarle sobre el despido, apenas casi me escuchó y me dijo que lo platicáramos más tarde en el apartamento, que ya estábamos compartiendo y que pagaba yo en su totalidad. Esa noche Kimberly no llegó a dormir, porque —supuestamente—, se había quedado dormida en el sofá del apartamento de su cuñada. Yo me sentí defraudado, cómo era posible que en un momento tan difícil, la mujer de mi vida no estuviera a mi lado para consolarme. Acababa de perder mi trabajo, porque el que había luchado tanto y que me fascinaba, pero a ella parecía no importarle lo mal que me sentía. Además, al regresar se enfureció cuando le reclamé su poca sensibilidad. Lo único que atinó a decir fue: — ¿Qué quieres que haga, que me ponga a llorar? ¡*Get Over it, and fast*! — Yo me quedé con la boca abierta.

El próximo enfrentamiento fue cuando descubrí que había maximizado la tarjeta de crédito, que le había dado solo tres meses antes. Cuando la confronté me respondió fríamente, —"mujeres como yo, somos de altísimo mantenimiento, ¡para que te enteres!"

Salí a caminar por varias horas bajo temperaturas congelantes que apenas sentía. Mi corazón latía tan rápido, que pensé que me iba a dar un infarto. Las lágrimas se empezaron a acumular en mis ojos y las malas ideas también, llamé a uno de mis mejores amigos y él me convenció que pasara la noche en su apartamento. Yo no podía conciliar el sueño y la ansiedad me estaba consumiendo. Sin embargo, no había amanecido, cuando yo ya estaba llamando a Kim. Ella no me respondía, una, ni dieciséis llamadas más, que le hice después. Mi cabeza me decía que no la buscara, pero mis vísceras gritaban lo contrario. Me sentí igual que cuando dejé el alcohol, con un desespero espantoso y un descontrol total sobre mis pensamientos y sentimientos.

Mi amigo me obligó a acompañarlo hasta donde su cuñada que era consejera matrimonial, para hablar sobre mi situación, aclarar mi confusión y ayudarme a superar la depresión que ya me estaba devorando. Gracias a esa larga conversación con ella, pude contenerme una semana, antes de volver al apartamento. Cuando llegué, abrí la puerta con suavidad para no darle a Kim la impresión de que estaba enojado y me llevé la sorpresa de mi vida. Kim ya no estaba; ni ella ni los muebles, ni las computadoras, ni los televisores, ni las alfombras, ni las lámparas, ¡arrasó con todo!

La segunda sorpresa de mi vida me la llevé cinco meses después cuando como si nada, Kim reapareció, para encenderme de nuevo y volver a desaparecer. Me la paso entre el cielo y el infierno, en una montaña rusa de emociones, pero sabiendo que en cualquier momento, la volveré a ver y comienzo el ciclo destructivo otra vez. — Me dijo con pesadumbre.

Lo cierto es que después de escucharlo, confirmé que salir de una relación así, requiere mucha determinación, amor propio, disciplina y sobre todo valentía, porque te tocará reconocer que estas adicto a las mentiras, sensaciones y promesas falsas de alguien que fingió ser quien no era, no es, ni nunca será.

Gerson...

el marido abnegado, trabajador incansable y
especialista en trabajos extras...

Escuchar a Mariana, la esposa de Gerson, fue realmente aleccionador. Con el sufrimiento aún fresco, empezó su relato de esta manera:

- "Me entregué a él virgen, le di tres hijos, trabajé como esclava y nunca apreció nada".

La conocí en un programa nocturno que yo conducía en una radio de Miami. Aquella noche en particular el tema tenía que ver con la infidelidad y cuánto podía o debía aguantar una mujer o un hombre, antes de tirar la toalla y salir corriendo de una relación abusiva. Su voz era suave y pausada, como cuando has aguantado muchos golpes en la vida y casi te vuelves inmune al sufrimiento. Debo confesar que escuchando su historia de vida, me enardecí, porque no podía concebir que en Estados Unidos y en pleno siglo 21, todavía hubiese mujeres que soportaran tantos desprecios y humillaciones. Y es que Mariana no tenía la excusa de que no tener a dónde ir, o que no pudiera sostener a tres hijos por su propios medios; porque en realidad tenía un empleo bien remunerado. Ella simplemente había decidido luchar por su marido, así pasará la vida entera esperando que algún día, la tratara como ella merecía. Llevaba para ese entonces veinticuatro años casada con un hombre tan promiscuo que incluso, —según cuenta ella— le fue infiel con una de sus mejores amigas, durante la luna de miel. Gerson conquistó a Mariana cuando era casi una niña, inexperta, virgen, inocente, desesperada por salir de un hogar, donde el padre era mujeriego, borracho y abusador, al que le temía, pero que en el fondo anhelaba abrazar, para que la protegiera, como a una hija.

— Gerson me trajo muy jovencita a este país con nuestros dos hijos —contaba Mariana— en un programa al aire.

Cuando llegamos a Pensilvania, lugar al que vinimos porque él tenía una prima lejana, residenciada allí; pensé que empezaríamos una nueva vida. Él trabajaba de sol a sol y yo además de cuidar a nuestros dos hijos, hacía dinero extra cuidando, seis niños más de las vecinas de mi edificio y los fines de semana hacía comida para vender, limpiaba oficinas, durante la madrugada, tres veces a la semana. A pesar del duro trabajo y las necesidades que pasamos, estaba contenta porque pensaba que en este país a diferencia del mío, las mujeres no le sobrarían, ni tampoco el tiempo para andar con ellas, ya que estaba trabajando más de ochenta horas a la semana. Hasta que un día tuvo un accidente en el auto, a las cuatro de la mañana y cuando llegué al hospital, donde lo llevaron, una enfermera me confirmó que iba acompañado de una mujer. Ahí me di cuenta donde andaba, todas esas noches que me decía que estaba trabajando "sobretiempo" para sacar a la familia adelante.

Para ese momento, era la tercera vez que trataba de separarme de él. Le dije con el corazón destrozado que se marchara de la casa y después de tres noches tuvo que volver, porque nuestra hija de tres años de edad, no paraba de llamarlo y de llorar.

A raíz de esto volvió y entonces supe que no iba a cambiar, que toda la vida se acostaría con otras mujeres, porque era algo que no podía contener. Lo más doloroso de todos esos años, fue el descaro con que me engañaba, porque ni siquiera se tomaba el trabajo de mentirme. Cuando lo descubría con una mujer en algún motel, en su empleo, o en algún restaurant de moda, solo se limitaba a decirme que si las mujeres lo buscaban, él no las iba a rechazar porque no era maricón. —Continuó relatando Mariana.

La copa que derramó el vaso fue cuando empezó una relación con una compañera de trabajo más joven que su propia hija. Lo irónico de la historia es que yo trabajaba para la misma empresa, pero mis responsabilidades estaban con clientes fuera de allí. Empecé a notar un murmullo fastidioso, cada vez que entraba a la empresa, hasta que un alma caritativa me contó que desde hacía más de un mes, mi abnegado "esposito" estaba saliendo con la nueva asistente de recursos humanos, y que no se escondía para manifestarle afecto. Es decir, que a él no le importaba agarrarle el trasero en público y que me lo contaran. Esa relación se acabó cuando, la chica se dio cuenta que su "papi chulo" no podía darle la vida que ella esperaba, porque no tenía en qué caerse muerto. Ya otra más viva que ella, le había sacado la casa de sus sueños y nos había dejado casi en la calle.

—Continuaba relatando mi oyente— Habíamos estado ahorrando por casi diez años para comprar una casa, con dinero en efectivo y de repente el dinero desapareció. Casi 360 mil dólares se esfumaron de una cuenta conjunta.

Falsificó mi firma y sacó todo el dinero, supuestamente para hacer el negocio de su vida, para luego confesarme descaradamente, que realmente había gastado el dinero comprando un apartamento de lujo a nombre de una jovencita y que ésta había manipulado todos los papeles, para quedarse legalmente con la propiedad, es decir, se lo había robado. Después de llorar por la frustración, decidí contratar abogados y abrimos un litigio, que duró once meses tratando de recuperar el dinero o el título de ese apartamento, pero no había nada que hacer, ya que mi nombre no aparecía en los documentos. Cuando por fin me divorcié de él, me tomó años separarme de él, porque volvía a buscarme y yo volvía a recibirlo, a pesar de todo lo que me había hecho. Fueron necesarias muchas horas de terapia y lágrimas, para entender que esta situación, era como un cáncer y me estaba matando. Hasta que un día, —porque nada dura para siempre— pude volver a dormir en paz. Entonces me di cuenta, que había escapado de sus garras. —Culminó suspirando, Mariana.

Librarte de la trampa que te tendió el psicópata te costará, lágrimas y sangre. Este ser maligno te hechiza, te roba el alma y la autoestima. Para recuperar lo perdido, tendrás que armarte de valor, paciencia y fe. Requerirás un pequeño ejército de ángeles protectores a tu alrededor o como les llama el psicólogo español Iñaki Piñuel, un "consejo de sabios" compuesto por doctores, psicólogos y terapeutas en general. Además de reforzar con guías espirituales, ya sean pastores, sacerdotes, gente que ore por ti, familiares y amigos. Necesitarás personas que te escuchen, que no te juzguen, que puedan darte consejos sabios y prácticos.

El laberinto oscuro y tenebroso por el que tenemos que transitar quienes hemos sido marcados por estos androides, está plagado de ataques de pánico; esas palpitaciones con sudoración y miedo a morir que provocan el deseo de salir corriendo y no parar jamás. A mí personalmente me dieron temblores, sensación de irrealidad, entumecimiento de extremidades, sensación de hormigueo, sensación de atragantamiento. Se me hacía muy difícil dormir, y por ende me sentía agotada todo el tiempo. La pérdida del apetito, es muy común y algunos casos reportan problemas gastrointestinales. Las Noches se vuelven eternas y los días pierden su brillo. Se te debilita la memoria a corto plazo. Te aíslas del mundo y la vida pierde sentido.

Se estima que el 80 por ciento de las personas que pasan por esta experiencia, contempla el suicidio y un 15 por ciento lo lleva a cabo. No exagera un ápice Piñuel, cuando describe el paso de un psicópata por tu vida, como un huracán de categoría cinco. Simplemente devastador. Las ruinas pueden ser emocionales o económicas y en la mayoría de los casos ambas, porque estos malvados te sacarán hasta los ojos, sin ninguna contemplación. He conocido personas que han perdido sus hogares, verdadera fortunas y hasta su dignidad por psicópatas asimilados, que a la larga dan la vuelta y se desaparecen como por arte de magia.

Precisamente desaparecer y empezar de nuevo fue lo que intento hacer el ciclista británico Mark Sutton de 34 años, cuando llegó a Francia y se dio a conocer como un hombre emprendedor creativo, trabajador y pacífico. Resulta que el joven atleta escondía una historia atroz, contra las mujeres que existieron en su vida. Desde su hermanita menor, pasando por varias novias y terminando con su propia madre. La muerte de Sutton captó titulares de los principales rotativos del mundo, por la forma tan desdichada como encontró la muerte. A mediados de Octubre del año 2017, el ciclista fue alcanzado fatalmente por las balas, provenientes de unos de 18 jóvenes, que cazaban en los Alpes Franceses y quienes no lograron distinguir la silueta del joven pedaleando, a pesar de que llevaba ropa brillante y luminosa. Lo asombroso fue la reacción de muchas de las mujeres que tuvieron una relación con él, en algún punto de su vida, mientras vivía en Inglaterra.

Una de sus ex-novias le confesó al periódico Daily Mail, estar "feliz" con su muerte. Otra, aseguró que fue violada infinidad de veces por el deportista.

— "Cuando escuché que lo habían matado, me sentí muy aliviada, era una carga que llevaba conmigo. Simplemente me sentí aliviada de que ya no nos haría más daño, — recalcó—. Se merece haber recibido un tiro como un animal, porque era el animal más grande que haya existido, quiero que la persona que le disparó, no se sienta culpable porque nos hizo un gran favor —continuó la mujer— Lamentó que haya muerto de forma tan rápida, casi fulminante, porque hubiera preferido que sufriera. Él me pateaba, me ahorcaba, me ponía destornilladores y cuchillos en el cuello y amenazaba con matarme. También me empujó por las escaleras, me golpeó con la puerta de su auto." —Aseguró.

Veintitrés años atrás, a sus escasos once años, Mark fue diagnosticado como psicópata, luego de intentar atacar a puñaladas a una compañera de estudios. Así empezó su carrera de terror, contra las personas que percibía más débiles o susceptibles a su alrededor y de la que no se escapó ni su propia madre, quien también fue blanco de toda clase de atrocidades.

Después de que se conociera la trágica Muerte del ciclista, su madre Katrina Toghill escribió en Facebook:

"Este Hombre era un monstruo, una bala le dio a un animal. Apuntaste bien, el Karma te llamó. Mi única decepción es que hayas muerto tan rápido, para cualquier persona que se horroriza leyendo esto, no soy un troll malvado, soy la mujer que lo parió". —Y concluye con una oración que muestra el desprecio que le tenía a su propio hijo: — *"Ojalá te pudras en el infierno, Mark Thomas Sutton"*

Esta clase de depredadores no solo atacan a sus parejas o futuras parejas para devorarlas. Cualquier propio o extraño puede muy bien servir de "suplemento" como se le llama en el argot de la psicología, a las personas de la que este sujeto se está alimentando, así sea emocional, económica o sexualmente. En este caso, la madre de Mark Sutton sufrió, desde que este era muy niño, ya que a los once años de edad, éste empezó a violar a su hermanita de ocho y solo paró, cuando la niña desesperada le dijo que le había venido la menstruación y que si la seguía violando, podía quedar embarazada, entonces tendría que contar quién era el padre de la criatura que esperaba.

Lo que se ha observado hasta ahora es que aparentemente hay niveles de psicopatía, ya que los más comunes, probablemente no incurren incesantemente en crímenes demasiado obvios, que los pueda enviar a la cárcel. Son agudamente astutos para eso, y su objetivo es destruirte emocionalmente de adentro hacia afuera. Hay otro tipo de psicópata más impulsivo y menos racional que compone el 15 por ciento de la población carcelaria y luego están los clásicos psicópatas como Ted Bundy o Jeffrey Dahmer que si son violadores, asesinos y hasta caníbales, pero que gracias a Dios son pocos en el mundo. De los que tenemos que cuidarnos son de los camaleones sociales, infiltrados y no diagnosticados en nuestra sociedad, nuestro círculo y nuestro entorno.

Las etapas de depredación de un psicópata integrado

Lo primero que el depredador hace es buscar a la víctima ideal.

La cacería: En este proceso, como un tiburón olerá la sangre a una milla y se acercará para evaluar si vale la pena el esfuerzo. No correrá detrás de cualquier presa, querrá alguien débil, susceptible, que no oponga resistencia, pero que tenga los recursos suficientes para llenar la necesidad más apremiante que tenga el depredador. Tienen una habilidad innata para saber el momento exacto de tender la trampa. Si logra acorralarte, te hipnotizará con palabras y gestos, detalles, ocurrencias, como nunca antes lo habías experimentado. Será una catarata de atenciones, que te dejará boquiabierto.

Bombardeo Amoroso: Este individuo utilizará todo su encanto y habilidad para colocarte en un pedestal. Reafirmará tus virtudes, te dirá que eres un ser especial, inteligente, atractivo. Las llamadas, los textos, los poemas serán constantes. Luego llegarán los regalos, las invitaciones a restaurantes, conciertos, discotecas, lugares de entretenimiento. Luego pasará rápido al contacto físico, porque necesita establecer las bases del vínculo traumático, que después le servirá para depredarte hasta los huesos. Se presentará espontáneamente en la puerta de tu casa o en tu trabajo con un lindo detalle. Se hará visible entre tus más allegados, todos quedarán impactados con el interés que está demostrando por ti. Te dirá que no se acuerda la última vez que sintió lo que está sintiendo por ti, te llevará hasta los traumas de su niñez, para buscar que tu empatices con él y eches abajo cualquier barrera o muralla emocional que le permita entrar en lo más recóndito de tu ser, allí donde están tus traumas, frustraciones, miedos, secretos, sueños y anhelos. Te estudiará con cautela para no dar un paso en falso. Te confesará algo comprometedor de su pasado, con la intención de crear un lazo de confianza profundo e irrompible.

Mimetización o Almagemelización: Es cuando te dicen exactamente lo que tú quieres oír. Se vuelven casi un clon de tus ideas, imitan hasta tus gestos, si ríes, ella reirá, si tu rostro se endurece, el de él, se endurecerá. Es lo que conocemos como alma gemela, porque sus planes son exactamente los tuyos. Casualmente quiere dos niños como tú, le gustaría retirarse a un rancho como tú, planea viajar extensamente ¡como tú! Y tú, no puedes evitar caer de rodillas con lágrimas en los ojos, porque no puedes creer que ese príncipe azul, tu media naranja, tu hombre ideal, tu bella genio, esa mujer tan bella y noble... en fin, ese ser, se haya cruzado en tu camino. De repente te das cuenta, que tienen exactamente los mismos gustos, que disfruta el sushi tanto como tú, a diferencia de tu última pareja que lo detestaba, no solo eso, le fascinan tus ocurrencias, tus locuras y tus amigos. Te pillas pensando en ella día y noche, no puedes creer esta gran bendición. Tus amigos estarán impresionados con este espécimen en vía de extinción y para sellar la adicción a él, te hablará de un futuro — ¡juntos! de seguridad de atención y sobre todo de protección. Él siempre estará allí para que nada malo te ocurra, nunca permitirá que nadie te toque ni con el pétalo de una rosa y dormirá acurrucado a tu lado para el resto de sus vidas y LISTO. ¡CAÍSTE!

En menos de lo que te imaginas estará viviendo, bajo tu mismo techo y lo más irónico, es que a ti no te sorprenderá en lo más mínimo, lo rápido que están sucediendo las cosas, porque estarás emocionado hasta las tripas con este ser tan fantástico. Cuando ya se empiecen a organizar como pareja, el psicópata domesticado lanzará su primer zarpazo.

La triangulación: Te dirá de repente, que su ex lo está buscando o que había planeado un viaje con una admiradora, justo antes de conocerte o que una compañera de trabajo le está coqueteando. Eso lo hace para empezar a crear inestabilidad y ansiedad en la relación. Para elevar su precio ante tus ojos y para crear inseguridad. Así empieza a robarte la paz. Notas que habla bajito en el celular. Llega tarde a casa y si no viven juntos, te deja plantado y aparece después de varios días, sin dar mayores explicaciones. Comienzas a sospechar que algo no anda del todo bien. Ya no es tan paciente, ni complaciente como antes y no ha pasado mucho tiempo desde que iniciaron. Intentas hablarle y resolver cualquier impase o contratiempo, pero te reafirma que todo está bien. —No te hagas rollos en tu cabeza, —te advierte.

Idealización /Denigración: Un día amanecerá diciéndote lo maravillosa que eres y al día siguiente te recordará que le encantan las mujeres flacas y tú ya tienes treinta libras de más. El lunes te convencerá que eres el motor de su existencia y dos días después, te dirá que lo estas atrasando en su carrera o sueños. En esta etapa también intentará desestabilizarte psicológicamente, haciéndote dudar de tu capacidad mental.

Disonancia Cognitiva: Consiste en tener dos ideas totalmente diferentes sobre un mismo asunto. Por ejemplo tú dices ser muy ahorrativo, pero te acabas de comprar un reloj de doce mil dólares. La psicópata por un lado te hace sentir el hombre más deseado del mundo y por el otro te deja plantado un sábado en la noche, para irse con su prima al cine.

Según los conocedores del comportamiento humano, se refiere a una tensión y ansiedad de una creencia personal, que se ve retada por una nueva información incompatible o contradictoria. Cuando somos confrontados por dos ideas simultáneas sobre una misma idea o asunto, tendemos a ignorar la nueva información para reducir el conflicto mental. Por ejemplo, los glotones saben que están perjudicando su salud y su cuerpo con esa forma desmedida de comer, pero justifican la ingesta de una pizza, porque aman el queso y la salsa y... solo se vive una vez. El psicópata te dice que tú eres la mujer de su vida y pasa el Día de San Valentín, viendo un juego de fútbol con sus amigos. Te lleva a la boda de su mejor amigo y se la pasa toda la noche bailando con otras chicas. Toda esta incongruencia te causa ansiedad, malestar y estrés. Su perversidad es desenfrenada.

Gaslighting o luz de gas: Una técnica que consiste en hacerte dudar de lo que tus ojos ven. Este término se adoptó a raíz de una película de los años 40's donde un psicópata joven y apuesto trataba de desquiciar a su esposa millonaria, apagando y encendiendo la lámpara de gas de su dormitorio, escondiéndole joyas o moviendo muebles de lugar; haciéndola dudar de su estado mental. A este punto te estarás preguntando, ¿Por qué una persona emprende tales abusos, si lo puede tener casi todo, junto a quien le ama incondicionalmente? La respuesta es escabrosa. Porque estos seres malignos, disfrutan a cabalidad ver sufrir a otros. Sí, como lo leíste. Es difícil digerirlo porque probablemente eres un ser empático, incapaz de lastimar, por el mero hecho de hacer sufrir a alguien, o de robarle sus recursos económicos, sociales o emocionales. Los psicópatas disfrutan robarte lo que ellos no tienen, ni nunca tendrán: Paz, armonía, gratitud y confianza. Te quieren miserables como ellos. Son sádicos empedernidos, cuya envidia, uno de los pocos sentimientos que tienen, los carcome al ver los atributos de bondad, generosidad y humanismo en otros.

El Descarte: Si tienes suerte no pasará mucho tiempo ante de que se aburra de ti y se marche o te haga de tus días un vía crucis y tengas que correr por tu vida. En la mayoría de los casos, ellos infligirán la última estocada porque es lo que más placer les da en sus miserables vidas, y no van a perder la oportunidad de verte desangrar. El gran final será con bombos y platillos. Como al principio de la relación, tu psicópata esperará el momento donde estés más débil, susceptible y menos preparada, para clavarte los colmillos y arrancarte un pedazo que te costará mucho recobrar. Aunque la relación será solo de meses, te tomará años volver a confiar en las palabras de buena fe del próximo pretendiente. Si eres tú quien lo abandona, regresará tarde o temprano, a culminar su hazaña. Te conquistará con sus viejos y bien aprendidos trucos y si caes, la caída será peor, porque el descarte vendrá, pero esta vez recargado de venganza y te aplastará sin compasión. Dice el Dr. Piñuel que una víctima regresará con su verdugo, hasta siete veces antes de poder escapar definitivamente de las trampas y hechizos de esta bestia encantadora.

De encantadores está lleno el mundo...

Hablando de encantadores; hace muchos años, lo conocí en la Universidad y aunque era muy guapo, con unos dientes de perlas y una sonrisa que desarmaba a cualquiera, algo en él, me decía que era peligroso. Hoy por hoy, me doy cuenta que era un psicópata integrado. En aquellos tiempos nunca hizo nada tan grave, como para ser aislado de nuestro grupo por abusador o manipulador, no obstante, recuerdo cómo lograba fácilmente que todo el mundo le prestara dinero y a nadie le pagaba. Tenía relaciones con mujeres seis o diez años mayor que él, eso sí, guapas y muy exitosas, que terminaban manteniéndolo, con antojos y lujos. Por cosas de la vida, pude seguirle la huella a través de los años y en todas las relaciones que tuvo, —tanto familiares como amorosas— había dejado una estela de sufrimiento. Además de procrear ocho hijos con seis mujeres diferentes, nunca proveyó emocional o económicamente a ninguno de ellos y hasta robó la herencia por parte de la abuela materna, a dos de ellos. Lo peor fue saber que abusó sexualmente de una de sus hijas y siempre se ha jactado ante la familia y amigos, de todo el sacrificio que había hecho por sus hijos y sus ex-mujeres, quienes lo conocían por años. Era impresionante oírlo hablar de lo buen padre que había sido, y de cómo había honrado y apoyado a las respectivas madres de sus hijos.

Los estudiosos de este trastorno hablan sobre la visión distorsionada que tienen estos personajes. Todo lo justifican y en su grandiosidad, se ven como seres excepcionales que no hacen nada malo, así se trate de violar a sus propios hijos o dejar a sus padres ancianos en la calle, por quitarles lo poco que tienen. Son capaces de destruir un hogar o una empresa construida con años de sacrificio. En el libro del Dr. Robert Hare, "Sin conciencia" se menciona a una psicópata que llegó al Departamento de niños y familias de Canadá, furiosa, gritando y exigiendo que le devolvieran a su hija de tres años.

—*"¡Es mi hija, yo la engendré, la parí y la crie por tres años, es mía, me la entregan ahora!"* — gritaba a todo pulmón. La pequeñita le fue retirada a la mujer, cuando pudieron comprobar, que el novio de ésta, un vagabundo de veinticuatro años, había violado a la niña. Cuando le preguntaron por qué había permitido semejante acto, ella respondió sin ningún tipo de remordimiento y con una naturalidad escalofriante: —*"Él quería sexo y yo ya estaba cansada, entonces lo deje que se saciara con ella, para eso es mía."*

En la iglesia se escondía,

el lobo disfrazado de oveja, que me cazó a mí...

El que me cazó, solía orar detrás de mí, en la iglesia donde me congregaba. Lo había visto en varias ocasiones, porque era uno de los mejores ujieres o servidores de la iglesia. Nunca me llamó la atención por guapo o distinguido. Pero me atrapó de otra manera. Eddie, era diligente y servicial y eso le otorgó el apremio de sus compañeros, quienes hablaban maravillas de la responsabilidad y la pulcritud de éste, al cumplir las responsabilidades que le designaban. Por esos atributos también logró la confianza de los directivos y pastores de la iglesia, incluyendo al pastor principal que apreciaba su puntualidad y deseos de ayudar. Como este ministerio estaba ligado directamente a la estación de radio, —dónde trabajo— ya que pertenecían al mismo dueño, cada vez que la radio realizaba un concierto, un evento o un "Radiothon" —maratones de radio para recolectar fondos— solicitaba voluntarios para que nos asistieran en las numerosas tareas que demandaban tales actividades, tres veces al año. No era raro que Eddie, pidiera una semana libre en el trabajo, para dedicarse a recoger y llevar, ministros, pastores, evangelistas o para buscar la comida y la bebida que se les provee a nuestras legiones de voluntarios, durante estas jornadas. En fin, él siempre estaba disponible para cualquier tarea que se le asignara. Era sin lugar a dudas un ejemplo de amor a Dios y de servicio al prójimo. Durante estos eventos solía acercarse a mí disimuladamente y ofrecerme un té o un café, como parecía hacerlo con cualquier otra persona.

Durante ese tiempo, yo estaba atravesando varias situaciones personales que me tenían triste, inestable y preocupada. Por un lado mi único hijo Giancarlo, empezó a experimentar unos ataques de pánico que no lo dejaban dormir, — hasta por tres días continuos— y por supuesto, tampoco podíamos hacerlo los habitantes de la casa. Para ese entonces yo había acordado vivir con mi ex esposo y padre de mi hijo, bajo el mismo techo, para poder ayudar con los cuidados y crianza de Giancarlo, quien es autista. Mi hijo había sobrellevado su condición, de una forma pasiva y tranquila, pero esos días casi no comía y dormía muy poco. En cualquier momento salía despavorido, por los ataques de ansiedad. Nunca habíamos experimentamos nada igual y estábamos desesperados, por no saber qué le pasaba. Las evaluaciones, estudios y resonancias magnéticas no arrojaban nada en concreto y los médicos solo atinaban a decir, que podía tratarse de un ajuste hormonal tardío. En todo caso, su padre, las nanas que lo cuidaban y yo, estábamos al borde de un ataque de nervios. Compartir el mismo techo con mi ex esposo, tampoco era sencillo, pero por cuestiones económicas, yo no podía vivir aparte y el sentirme allí como una carga, no facilitaba las cosas; —aunque es válido recalcar, que mi ex esposo nunca me recriminó nada— por el contario, agradecía que yo pudiera contribuir con él, dadas las circunstancias en la que nos encontrábamos, pero aun así, yo me sentía fuera de lugar y me cohibía de muchas cosas. Para empeorar la situación, en ese tiempo y quizá como una forma inconsciente de escapar de todos los retos físicos, emocionales y espirituales que estaba enfrentando, empecé a salir con un músico que conocí en una grabación de televisión y quien pronto se convirtió en mi pedacito de oasis, en medio del desierto que estaba atravesando. Era un hombre muy divertido y alegre; sabía contrarrestar muy bien mi decaimiento emocional, con canciones que componía para mí en medio de chistes y comidas criollas, que preparaba a cualquier hora de la noche, sin mucho protocolo. Me encantaba pasar tiempo con él durante sus presentaciones en club nocturnos, en la televisión local o cuando se sentaba a componer, con su productor musical. En el fondo sabía que aquella relación no pasaba, ni pasaría de ser algo muy físico, y yo, ya había dirigido mis pasos por los caminos del Señor, buscando su guía y su presencia. Sabía muy bien que estaba violando los estatutos espirituales. Él no quería saber de mi Dios, porque el mundo lo tenía totalmente atrapado. Había sido un bohemio toda su vida y yo no pretendía sacarlo de su mundo, porque en aquel momento no tenía la energía para salvar a nadie, necesitaba salvarme a mí primero.

Le confesé a mi jefe y pastor lo que estaba sucediendo con el músico. Sabiamente, me aconsejó que me alejara inmediatamente de él, — "sabes que está fungiendo como una anestesia emocional para ti en estos momentos y te hace daño, —lo sabes Lili— ¿verdad?" — Espetó mi jefe.

Sí, lo sabía muy bien, porque cuando estaba a su lado, se me olvidaban los problemas y los retos.

Decidí empezar a orar sin cesar y a pedirle al espíritu santo, que por favor me diera fuerzas para dejar de verlo. Aguanté con creces una semana, luego un mes y poco a poco fue pasando el tiempo. Aunque a veces sentía impulsos horribles por contestarle un texto o una llamada, de inmediato lograba controlarme y seguir en mi propósito de alejarme de él. Con el tiempo cesó el contacto y empecé a olvidarlo, hasta que un viernes de abril, dejó un mensaje de texto que me revolvió las entrañas. Me decía que me amaba, que esos meses sin mí habían sido una verdadera tortura y que aunque había tratado de olvidarme, —porque yo no quería saber de él— se había dado cuenta que no podía lograrlo y por eso necesitaba que nos viéramos. Lo cierto es que él no me había maltratado, ni ofendido, ni traicionado, la verdad es que me había tratado con cariño y respeto. Pero por otra parte, no acababa de entender que yo no deseaba estar con alguien, que no compartiera mis creencias religiosas y que solo pensara en "gozar" la vida, sin ningún tipo de compromiso. Apenas escuché el mensaje, me arrodillé a orar para no volver caer en esa deliciosa tentación.

Ese fin de semana mi hijo y su padre se fueron de viaje, así que yo estaba sola, desprogramada y susceptible. Esa semana nos había tocado transmitir el show de radio desde un evento internacional que mi estación patrocinaba anualmente. El cuarto día de transmisiones, en el hotel donde nos instalamos, yo ya estaba agotada. El músico me llamó el viernes en la tarde, para invitarme a cenar con él, tomar un café, si no, podía esperarme en un *barbecue*, al día siguiente, en la casa de su tío. Ese viernes salí tarde y exhausta de mi trabajo, así que me fui a casa, cené, desempolvé un buen libro y leí hasta caer rendida. La mañana del sábado mi mejor amiga llamó, para invitarme a un juego de soccer, en el que participarían sus hijos. Nunca antes me había interesado tanto ir a echar porras o gritar en un partido de amateurs, pero acepté agradecida. Desafortunadamente para mí, el juego terminó antes de la una de la tarde, y ahí estaba yo, pensando que más podía hacer aquella tarde, que no fuera estar en medio de gente alegre y sin complicaciones, picando unas costillitas de cerdo, escuchando un son cubano y estar acompañada de un músico romántico, que no parara de jugar con mi pelo.

Me puse a orar desesperadamente, — "Señor, yo no puedo con mis propias fuerzas alejarme de este hombre, por favor ayúdame a no caer en lo mismo. Yo quiero abandonar lo carnal y lo mundano, que no me deja más que vacíos hondos y angustiosos."

Por ser sábado no me tocaba trabajar en la radio, ya que mi show se transmitía de lunes a viernes, pero el *staff* de fin de semana, estaba transmitiendo desde aquella convención y aparentemente no había suficiente gente para realizar entrevistas a grandes personalidades, que estaban llegando al evento. No habían pasado ni quince minutos, cuando una de las productoras de la radio me llamó, pidiéndome si podía ir a entrevistar a un importante salmista, que tenía un poderoso testimonio de vida y nuestra audiencia necesitaba escucharlo. Acepté de inmediato, corrí a mi casa, me bañé, me cambié de ropa y me fui a la convención. Al ir acercándome a nuestro sitio de transmisión, noté a la distancia una cara conocida, era Eddie, el ujier de la congregación, iba muy bien vestido y me miraba fijamente, con una sonrisa que nunca antes había notado en él, hasta me pareció sexy. Cuando llegué me saludó amablemente, como si me estuviera esperando, inmediatamente se puso a mi servicio para lo que necesitara.

Mientras esperaba al invitado y terminaban de acomodar los micrófonos, Eddie no perdió tiempo para empezar su bombardeo amoroso, resaltando lo bonito que me quedaba el azul del vestido que llevaba puesto y resaltando mi gran profesionalismo al acudir a un llamado de la jefa, en un momento de necesidad. Me preguntó si me gustaban las obras de teatro y por supuesto le dije que me encantaban, entonces me habló de una ópera famosa que estaba de gira por el sur de la Florida y de manera casual, como si me conociera por años, me preguntó: — ¿Te gustaría ir a verla? — Y yo con la misma familiaridad, le conteste que sí.

Llegó el invitado y de inmediato me dirigí hacia donde estaba. La entrevista duró más de una hora y cuando regresé a nuestra cabina, Eddie ya no estaba. Por alguna extraña razón, me sentí muy desilusionada, porque por un momento creí que la presencia de Eddie en ese lugar, a esa hora, era la contestación a mis oraciones. Por otra parte, me había agradado verlo tan bien vestido, tan amable y tan dispuesto a consentirme. En vez de marcharme a casa, después de haber cumplido con mi compromiso — como era mi costumbre—, algo me obligó a quedarme hablando con mis colegas y con la gente que se acercaba a saludarnos y a tomarse fotos con nosotros. Creí que Eddie ya se había ido a su casa, cuando de repente lo vi bajar por unas escaleras eléctricas, que conectaban los dos pisos del evento. Se acercó y me dijo casi susurrando que estaba orando en la capilla del segundo piso y pidiéndole a Dios que le enviara a la mujer, con la que pasaría el resto de sus días. La verdad algo se sacudió dentro de mí, porque me pareció una confesión inocente y tierna.

—Ahora que lo pienso objetivamente, fue el día que mi psicópata decidió tender su trampa.

Ahí nos quedamos hablando más de una hora, tomando fotos, bebiendo café y agua que él me traía cada quince minutos, sin siquiera preguntarme. La gente empezó a irse del salón principal, rumbo a los conciertos que estaban a punto de comenzar. Entonces Eddie me preguntó si quería ir a comer algo fuera de allí, en un lugar donde preparaban la mejor pasta del mundo, —y aunque no soy fanática de la comida italiana—, acepté agradecida y salimos rumbo al restaurante. Ni él ni yo parecíamos hambrientos, así que apenas tocamos la lasaña que ordenamos. Entonces me sugirió ir a un lugar solitario, romántico y con el mejor ambiente musical del mundo, en Miami Beach. Sin haberlo planeado, esa salida se convirtió en nuestra "primera cita". Terminamos en un camino entablado, paralelo a un lujoso restaurante donde suelen pasear los enamorados, hasta altas horas de la noche. Encontramos una piedra donde nos sentamos a ver como bailaban las olas ante nuestros ojos, y allí se me declaró sin más ni más, con un apasionado beso. Esa misma noche, me pidió con todo el protocolo de los viejos tiempos, que fuera su novia oficial. A mí me pareció tan hermoso todo aquello, que inmediatamente le dije que sí, como si se tratara del encuentro de dos adolescentes. A partir de ese momento, nos veíamos todos los días y nos hablábamos a cada rato, para las cosas más tontas e insignificantes. Me consultaba todo y me preguntaba hasta lo que había comido para el almuerzo. Hacía muchos años que no recibía tanta atención y ternura de un hombre. Salíamos a cenar dos o tres veces a la semana y disfrutaba nuestros paseos semanales en motocicleta. A pesar de jurar, que nunca me volvería a montar en un aparato así, después de un accidente fatal que presencié siendo muy joven, ahí andaba yo, agarrada con fuerza de la cintura de este hombre que me inspiraba, además de ternura, confianza seguridad y protección —lo que casi toda mujer anhela tanto.

Después de tres semanas, me invitó a su casa, porque quería asegurarse de que yo viera dónde y cómo vivía. Era una casa hermosa, grande e inmaculada, en un excelente barrio en el sur de la Florida. Lo que me impactó apenas entré, fue ver que estaba vacía, excepto por el juego de dormitorio en su cuarto y un televisor. Eddie me explicó que su ex esposa —de quien se había divorciado solo meses antes—, se había llevado hasta las ollas, y él no quería comprar nada a su gusto, hasta que llegara la mujer de sus sueños y le pusiera el toque femenino, a aquella pequeña mansión.

Recuerdo que a la semana de haber iniciado nuestro romance, tuve que ir a Disney con mi hijo y su padre, porque era un viaje que habíamos planeado con meses de anticipación. Cuando le dije a mi galán, que me tenía que ir por cuatro días, inmediatamente planeó irse a Orlando a ver a su madre, que casualmente vivía allá. Me dijo que aprovecharíamos para que la conociera y que cuando terminara las actividades con mi hijo en el día, lo llamara para salir a cenar a algún lado y así lo hicimos. Salimos un jueves a las seis de la mañana para el parque y él salió una hora después. Se comunicaba conmigo cada hora. Tuve que apagar la campanita del celular, para que el padre de mi hijo que iba manejando, no se diera cuenta de la intensidad de mi enamorado. Siempre me ahuyentaron los admiradores que se aceleraban mucho en la relación, cuando eso pasaba, salía despavorida y cortaba inmediatamente todo contacto. Por alguna razón en esta oportunidad, no me molestaba. El comportamiento de Eddie, en otro momento, me hubiese parecido obsesionado y peligroso. Sin embargo ahí estaba yo, accediendo a todo lo que proponía, sin cuestionar qué pensarían las personas más cercanas, incluyendo a su madre y a su hermano. En ese viaje Eddie también pretendía conocer a mi hijo y a su padre, para que se enteraran de lo nuestro y así dejar claro, que nuestra relación era sería, pero yo, en un atisbo de cordura le dije que por favor esperáramos un poco más, para asegurarme y asegurarle a todo el mundo, que su intención era hacerme su esposa con todas las de la ley.

Eddie se fue —sin yo saberlo— a una joyería en el centro de Orlando y adquirió el anillo y argolla de matrimonio, más cara que encontró. Una semana después, cuando regresábamos de un paseo en motocicleta, por los cayos de la Florida, paramos en un pequeño restaurante, para comer muelas de cangrejo, —mis favoritas. Ahí me sorprendió, al arrodillarse y extraer de su chaqueta de cuero, la inmensa roca que colocó en mi dedo diciendo, — ¿Te quieres casar conmigo?

Yo me quedé helada.

Nunca he sido interesada, pero un hombre que no es rico, no se gasta la millonada que se había gastado éste en ese anillo, si no está pensando muy en serio en mí. Me convenció de que yo era la mujer para él, y que estaba invirtiendo todos sus recursos e ilusión en mí. Desde ese mismo instante me sentí como su mujer, su compañera, su "ayuda idónea" como dicen las sagradas escrituras. La verdad es que estaba ilusionada. Hacía tiempo que no tenía una relación tan seria, en la que alguien me diera un anillo y me hablara de pasar el resto de nuestra vida juntos. Alguien que no cuestionara mi pasión por los amaneceres de la Florida, o mis caminatas por la playa, o mis bailes espontáneos. Tú, yo y todos los seres humanos deseamos ser amados, cuidados, atendidos, protegidos; lo triste es saber que hay "Eddies" en la vida que te hacen creer que les importas, te hacen sentir que te aman y en el momento menos pensado, te despiertan del hermoso sueño, para mostrarte sus colmillos.

En la iglesia donde nos congregábamos, presentí que algunas personas conocían el pasado del que ahora era mi prometido, porque cuando llegamos por primera vez tomados de la mano, como novios formales, a escuchar una prédica, sentí miradas duras y gestos de rechazo. No entendía muy bien qué era lo que estaba pasando y tampoco le di mucha importancia. Yo estaba caminando en una nube y ni siquiera mi instinto natural de periodista me instó a cuestionar más profunda y seriamente, esas actitudes de rechazo por parte de algunos miembros de la congregación. No era muy allegada a nadie allí y aunque mi novio había servido de ujier por mucho tiempo, tampoco había desarrollado amistades duraderas o significativas con nadie.

No habían transcurrido ni tres semanas del compromiso y unos dos meses después, de estar saliendo como pareja, cuando Eddie me contó que el prestigioso hotel Ritz-Carlton le había obsequiado tres noches de estadía, en el hotel insignia de la cadena, en la isla de Puerto Rico, pero que tenía que tomarlos antes de que terminara el mes y faltaban menos de dos semanas para que se cumpliera el plazo. Así que sin pensarlo dos veces, planeamos el viaje, pero antes teníamos que casarnos, porque por nuestras creencias, no podríamos quedarnos en la misma habitación, sin habernos dado el sí, ante Dios y ante los hombres. Esa misma tarde, le conté todo al equipo con quien hacía un show radial y a alguien se le ocurrió involucrar a nuestra audiencia en mis planes de boda, ya que los considerábamos como nuestra familia, además era algo que todos incluyendo yo, pensábamos que nunca más sucedería, —volver a casarme.

Empezó a sonar la promoción anunciando la boda de Liliana Marín, — ¡mi boda! — Mis compañeras y hermanas de trabajo se encargaron de comprar la torta , adornar la cabina y la entrada principal de la radio, por si alguien quería venir a felicitarnos personalmente. Mi jefe inmediato se encargó de hablar cara a cara con Eddie y advertirle que esta vez, el matrimonio iba a ser para siempre, no solo porque se casaba con una mujer pública y respetable, sino porque quien nos uniría sería el Pastor

principal de la Iglesia y creador de nuestro ministerio.
Un hombre con una reputación impecable y un corazón
totalmente consagrado a Dios. La promoción de la boda
se escuchaba en cada pausa, a través de las ondas radiales
y nadie me llamaba para preguntarme o decirme nada,
a pesar de que conozco a tanta gente. Mientras tanto, yo
estaba súper atareada, comprando y empacando mis
maletas para el viaje de luna de miel, cuando de repente,
antes del día del casamiento recibí, a través de Facebook,
un mensaje larguísimo de una mujer que se identificó,
como la novia que más tiempo había pasado con Eddie.
Leí pausadamente y con un nudo en la garganta, la
historia de decepción que por años había vivido junto a
él. Contó que se habían conocido en el trabajo unos seis
años atrás, cuando ambos eran agentes de viaje, de una
prestigiosa firma de tarjetas de crédito. Decía que desde
que empezaron a salir juntos, el hombre la deslumbró
con regalos caros de toda clase. Que era el amante más
tierno y apasionado que había conocido en su vida. —"No
nos casamos", —recalcó, "porque cuando empezamos a
salir yo me acababa de separar de mi marido y el divorcio
tomó años. Me acabo de enterar de la boda, por una amiga
que escuchó la noticia por la radio" —me confesó Lucia.

—Para tu información, nos estuvimos viendo hasta hace
unas semanas, cuando oficializó su compromiso contigo,
no tenía ni idea que se casaría, porque habíamos acordado,
por iniciativa de él, que yo viviera en su casa, mientras me
ubicaba con mis hijos en otro lugar, pero una madrugada
me llamó y me dijo que no podía alojarme en su casa y
básicamente que no lo volviera a contactar. Yo me quedé en

ME CAZÓ UN PSICÓPATA

shock, no solo por la noticia de que se iba a casar, si no que me dejaría básicamente en la calle con mis hijos, sin tener a dónde ir. Me dolió mucho esa actitud suya y sus mentiras, porque me ocultó todo. Desde que nos conocimos, —siguió relatando Lucía— hace más de seis años, hemos empezado y terminado decenas de veces, porque él siempre sale con actitudes extrañas; Por ejemplo, si íbamos a una fiesta y nos retirábamos cuando a él se le antojaba, se marchaba solo y me dejaba a pie. No quería visitas, ni de nuestros familiares. Cuando pasaba muchas horas cerca de mis hijos se ponía irritable y corto de temperamento. —Liliana, no dudo que Eddie esté locamente enamorado de ti en estos momentos, pero ese "amor" no le va a durar mucho— y te voy a profetizar exactamente lo que te va a pasar, antes de que cumplas un año de casada con él, ojalá me equivoque, pero la misma historia se ha repetido varias veces con diferentes mujeres. "A los aproximadamente nueve o diez meses, te saldrá con expresiones y actitudes raras que no comprenderás, se volverá extraño y reservado. A ese punto los detalles tiernos y delicados desaparecerán y se volverá amargado, poco complaciente, desafiante y humillante. Te descubrirás preguntándote, ¿quién es este hombre? y entonces sabrás que no te miento". — Continuó diciendo— Estarás pensando que yo tan solo soy una despechada ex de tu novio, pero soy la mujer que más ha compartido tiempo en una relación sentimental con él, porque he sido su paño de lágrimas en las pasadas dos relaciones y sé de otras mujeres que han sido decepcionadas y engañadas por él. Yo me he mantenido a su lado tanto tiempo, porque nos vemos de vez en cuando, salimos a comer y hacemos viajes esporádicos, sin mucho compromiso, pero quiero

119

advertirte que Eddie, no es el hombre que aparenta ser, debe tener algún problema emocional o mental; te lo advierto porque como creyente en Dios es mi deber advertirte, lo que hagas con esta información es asunto tuyo. Precisamente ayer, hablé con la madre de Eddie y con su hermano; ellos están muy preocupados con lo que está pasando, porque todos sabemos cómo va a terminar esta nueva historia de amor. No es que te desee el mal, sino que basta ver las pasadas relaciones de tu prometido, para saber cómo va a concluir la tuya."

Cuando leí y releí varias veces lo que me había escrito esta mujer, me dio tanta rabia, que le contesté que eso se lo dejaba a Dios, que si todo lo que me había dicho era verdad, yo confiaba en que el todopoderoso, podía hacer de él una criatura nueva y cambiar ese comportamiento, después de todo, el amor todo lo puede y estábamos enamorados. Lo irónico es que ahora que me doy cuenta que en realidad, yo nunca me arrodillé a pedirle una confirmación clara a Dios de si "ese" era realmente el hombre que tenía reservado para mí. Varias personas me preguntaron después del divorcio, si yo había consultado con mi creador, si ese era el hombre correcto para mi vida, y ahora debo admitir flagrantemente, que nunca lo hice. Simplemente asumí que por ser el gran ujier de la iglesia, uno de los más comprometidos miembros de la congregación; uno de los hombres más serviciales que he conocido y alguien que no sacaba la biblia debajo de su axila, en el nombre de Dios, tenía que ser ideal para mí o para cualquier mujer. Lo cierto es que no lo consulté con nadie, y conociendo mi naturaleza de periodista, muy pocas personas se atrevieron a retar mi decisión de casarme tan rápido, con un hombre que apenas conocía y del que me diferenciaban a simple vista, tantas cosas. Porque para empezar, no tenía estudio formal, conoció algunos países cuando trabajó en un barco, pero no cultivó nada de esas experiencias. Era muy poco sociable, y la única relación medio llevadera era con su madre. No era un hombre buen mozo, bajo ningún estándar, ni alto o fornido. Si alguien analizaba con cuidado su conversación, se daría cuenta de todas sus limitaciones. Yo las vi, pero no me importó, estaba como hipnotizada por él, y no era la única, porque la última mujer de la que se acababa de divorciar, era por lo que averigüe, una mujer muy guapa, integra y disciplinada, que estaba revalidando su licencia de psicóloga, en los Estados Unidos, así que no era la única idiotizada por sus encantos. Pero en ese momento trascendental de mi vida, las advertencias de Lucía, no iban a impedir que me casara con esta "maravilla de hombre", tan noble, tan extremadamente paciente, que no se inmutaba o alteraba por nada que yo dijera o hiciera incorrecto. Era tan detallista y en tan poco tiempo de conocerme, sabía cuál era mi comida favorita, si me gusta caliente o tibia; sabía cuál era mi perfume, mi color favorito y hasta el lado de la cama, que me gustaba dormir. Las pocas amigas que lo conocieron quedaron fascinadas por su humildad y atención conmigo. Mi ex esposo Fernando, quedó impresionado con lo que aparentaba ser un hombre recto, trabajador y de mucha convicción. Ambos habían sido militares y se dio entre ellos cierto código de honorabilidad y respeto. Lo que sí parecía genuino, rayando en obsesión era su pulcritud. Limpiaba la casa todos los días, lavaba el carro dos veces a la semana, se cambiaba hasta tres veces al día, la ropa y no usaba una camisa dos veces, antes de llevarla a la tintorería.

El día de la boda civil, madrugué a la peluquería, pero entre una y otra cosa, se me hizo tarde, y cuando tome la vía rumbo al juzgado, me encontré atrapada en un tráfico espantoso, que casi no me permitía avanzar. Con la ayuda de mi paciente y amoroso prometido, quien me guio a través del teléfono, por atajos que yo desconocía, logré llegar cinco minutos antes, de que cerrara el juzgado. Estaba hecha un manojo de nervios, —al fin y al cabo uno no se casa todos los días—, me sentía avergonzada por mi tardanza, después de todo, siempre me he jactado de mi puntualidad. Eddie con esa dulzura, con la que había conquistado mi corazón me abrazó y entre palabras de afirmación, dulcemente me dijo: — "No te preocupes, si no nos casamos hoy, lo haremos mañana o pasado o el otro, no hay porque alterarse mi amor."

El matrimonio civil fue corto, como suelen ser esos asuntos, pero suficiente, para emocionarme hasta las lágrimas. Estaba abrumada con todo lo que había pasado en las últimas semanas, con todo lo que había ocurrido ese día y finalmente estaba frente a este hombre, que aparentaba una calma y un control inusual. Él repitió las palabras: "Sí, la acepto como mi esposa" con una monotonía lógica, en alguien que lo había repetido cinco veces en los últimos quince años. Algo que desconocía en esos momentos. Al día siguiente sería la ceremonia religiosa que se transmitiría por radio y por las redes sociales. Todos estábamos listos a las 9:30 de la mañana, para la gran ceremonia. En la cabina estaban mis compañeros de la radio y mis hermanos en la fe, con muchas expectativas, de si esta unión duraría o no. Pude descubrir luego en las fotografías que tomaron de ese momento, los gestos de incredulidad de algunos, allí presentes. El ministro de Dios nos pronunció marido y mujer, hasta que la muerte nos separara. Lo irónico fue lo rápido que llegó la separación ya que antes del año estábamos divorciados.

Mi primer día de casada, transcurrió como yo esperaba. Algo tan sencillo y rápido se había convertido en algo significativo e inolvidable. Ese mismo fin de semana, partimos hacia el hermoso hotel que nos esperaba en la isla de Puerto Rico. El hotel era simplemente, espectacular. Siendo una reserva natural, contaba con su playa privada, y áreas verdes dignas de un paraíso terrenal. Nuestra habitación era realmente un apartamento con acceso directo al mar y piscina integrada. Tenía varios baños incluyendo una ducha a la intemperie, hecha de rocas exóticas y duchas a presión para masajes. El lugar era un oasis y Eddie se encargó de que no nos faltara champagne, las mejores frutas y los chocolates que esa tierra produce. Fueron unos días maravillosos, llenos de descubrimientos risas y promesas de que defenderíamos ese amor, a costa de todo lo humano e inhumano que se nos pudiera atravesar en el camino. En casa nos esperaba una nueva vida juntos, un ministerio de servicio a Dios y los sueños de construir un futuro, hasta el final de nuestros días. No habían pasado dos semanas de vivir juntos, cuando una tarde como a eso de las seis y media de la tarde, —la hora que Eddy solía llegar de su trabajo—, cuando empezaron a aparecer, las señales de su trastorno. Recuerdo que entró agitado a la casa y me miró con los ojos desorbitados y una mirada rara. Le pregunté qué le pasaba y me respondió que había conflictos en su trabajo. Yo traté de tranquilizarlo, diciéndole que se diera un baño con agua caliente y se pusiera ropa cómoda, para que luego, degustara la deliciosa comida que le había preparado. Una semana después, llegó con la misma actitud y entonces le aconsejé con mucho amor, que si se sentía agitado, lo que debía hacer era caminar unos diez minutos alrededor del complejo donde vivíamos, para que cuando entrara a la casa, llegara un poco más relajado y animado. Los fines de semana, lo motivaba para que hiciéramos actividades al aire libre, en motocicleta o en largas jornadas de bicicleta, bajo los hermosos cielos miamenses, que nos hacían mucho bien, física y emocionalmente. Como recién casada, disfrutaba mucho impresionando a mi esposo, con mis dones de cocinera y aprovechaba cualquier ocasión para preparar manjares y complementarlos con la compañía de buenos amigos. Por aquellos tiempos había conocido una hermosa parejita de buenos cristianos, que acudieron a mi llamado en las redes sociales, para auxiliar a una madre indocumentada con cinco niños pequeños, que vivía sola en el área Homestead, Florida, luego de que su esposo fuera deportado a su país de origen. Julia y Leonardo también se habían casado recientemente y desde ese día, se convirtieron en excelentes y divertidos amigos. Cada quince días Julia y yo planeábamos una salida con nuestros respectivos esposos o una cena en nuestras casas, para compartir, charlar e intercambiar ideas. Eran veladas extremadamente agradables, porque no solo nos reíamos mucho sanamente, sino que hablábamos de lo esencial y de la vida espiritual, para mantener la solidez de un hogar, en un mundo tan complicado como el que vivimos hoy en día.

Una primera señal de alarma ocurrió, cuando un viernes mi esposo me ordenó que llamara a nuestros amigos, para anunciarles que no podíamos ir a la cena, que ellos estaban preparando para nosotros, en su hogar. Leonardo, nuestro amigo, era un prolifero cocinero y se había gastado un buen dinero en mariscos, para halagarnos con su famosa paella. Consternada le pregunté a Eddie por qué no podíamos ir. Traté con amor de comprender qué le había sucedido ese viernes que yo no sabía y que de manera tan abrupta, había arruinado los planes para el siguiente día. Eddie con una calma casi sepulcral, me contestó, — "No pasa nada, simplemente no quiero ir". — Yo me quedé helada. Entonces insistí, preguntando: — ¿Pero por qué? ¿Te hicieron algo? ¿Julia o Leonardo te faltaron al respeto? Él se limitaba a responder, — "No, nada, simplemente no tengo deseos de ir." Yo quedé pasmada con su respuesta, así no más, — "no tengo deseos de ir" —

Pensaba cómo le iba a decir a mis queridos amigos, que mi esposo simplemente no quería ir; sabiendo que ellos estaban tan ilusionados con nuestra visita y toda la comida de mar que habían comprado para nuestro deleite. Como me lo imaginé, la noticia les cayó como una bomba, a pesar de que tuve que mentir para que no se sintieran tan mal. Me daba mucha pena tener que hacer esto, pero no tuve alternativa. Les dije que mi marido no se sentía bien y que lo sentíamos en el alma, pero que tendríamos que dejarlo para una próxima oportunidad. Claro no que hubo una próxima oportunidad, porque como es entendible, ellos se sintieron irrespetados y menospreciados. Por más que intenté salvar nuestra relación, nunca volvió a ser igual.

Unas semanas después de ese episodio, Eddie volvió a hacer lo mismo. Mi exesposo nos invitó a cenar en un restaurante de moda en Miami. Eddie, originalmente pareció complacido, de que el padre de mi hijo, se gastara una cantidad considerable de dinero en esta invitación, como detalle especial, para que nuestro hijo pudiera también celebrar, por el reciente matrimonio. Pero el mismo día de la salida, me anunció que no quería ir con nosotros y que si yo deseaba, podía irme a cenar con mi exesposo y mi hijo. Yo me quedé observándolo, casi sin parpadear, — ¿cómo así? — le pregunté.   ¿No te importa que siendo yo tu esposa, me vaya a cenar con mi ex, sin ti? —NO, contestó él, no me importa, puedes ir ¡si te apetece! — De nuevo le pregunté, — ¿Por qué? y el calmadamente me respondió, — ¡porque no quiero!

Por supuesto que no fui a ningún lado. Me quedé en casa totalmente desconcertada y triste. Era una buena oportunidad de compartir con mi hijo y su padre que son la única familia que tengo en la vida. Llevábamos cinco meses de casados y ya Eddie estaba mostrando señales de psicopatía, después de la etapa de cacería y luego bombardeo amoroso, ya me estaba aplicando el gaslighting, es decir, ya comenzaba a enloquecerme. Yo no entendía nada, no sabía por qué se comportaba así y no me daba ninguna explicación lógica.

Poco después empezó a triangular. En la iglesia a la que asistíamos, en donde además servía como ujier, le tocaba lidiar directamente con todo el que llegaba al recinto. No solo darles la bienvenida o la despedida, sino asistir a las personas con cualquier necesidad, pregunta o favor. Por su puesto tenía que ser muy receptivo y atento con todos los asistentes, pero pronto, mi esposo empezó a ser más amable de lo normal con una, o dos hermosas chicas que asistían a las prédicas los domingos. Recuerdo que en una ocasión, lo encontré justo en la puerta del templo, hablándole muy cerca a una chica preciosa y soltera, que traía a más de uno desquiciado. Se tomó más tiempo de lo normal al despedirse con un efusivo beso en la mejilla, de lo que un hombre casado debería. Él, consciente de que en cualquier momento yo saldría por esa misma puerta, porque en eso habíamos quedado, se aseguró de que yo viera como le coqueteaba a la muchacha. Admito que se me revolvieron las tripas cuando lo vi en una actitud de galán, porque nunca le he permitido a un hombre irrespetarme. Le dejé saber que no me parecía apropiado que estuviera tan cariñoso con las mujeres especialmente las solteras, y él me contestó que esa era su función, sonrió maliciosamente y se dio la vuelta, quizás en su interior se dio cuenta, que había descubierto mi vena más sensible. Tres días después me llegó con la noticia de que se había encontrado con su más reciente ex, cuando ambos pararon en una luz roja, y que ella intentó hablarle y supuestamente él aceleró, —algo que nunca le creí— pero que me dejó pensando, por supuesto. Trate de no darle mucha importancia al asunto porque presentía que si me veía celosa, usaría esa inseguridad en mi contra cada vez que pudiera.

La triangulación en una relación, tiene el objetivo de crearte intranquilidad y elevar la cotización del que triangula. Se da no solo con quien se convertiría en tu rival, si no con los familiares del psicópata, tu propia familia, amigos, ex parejas, cualquier persona en cualquier lugar. Involucra terceras personas y se basa en conflicto o drama constante y provocaciones desmedidas, que le genera al psicópata una euforia, al ver cómo la gente se pelea por él. Si estás en una relación con una psicópata, así nunca hayas sido celoso o celosa te encuentras de repente, en una tensión constante, una intranquilidad que te roba la paz y no te permite ser feliz. A veces el psicópata inventará una rival imaginaria, con la que coqueteará constantemente, asegurándose que tú te enteres y te agobies. Te conviertes en una espía, alguien quien nunca fuiste. Te vuelves paranoico, sin sosiego, siempre estresado y en ese estado mental, te mantendrá constantemente.

Hoy en día las redes sociales le han facilitado mucho el trabajo a estos despiadados manipuladores, pues pueden llevar a cabo su cruel juego de ponerte celoso, ansioso e inseguro simplemente ignorando tus comentarios y dándole like a todo hombre o mujer que aparezca en su lista de amigos. Se atreverá a colgar fotografías con gente bella, en situaciones o lugares divertidos y podría ocurrir que la foto de perfil, en la que tú estabas a su lado, de repente la cambie por el solo o con un grupo de amigos divertidos y bien parecidos.

Afortunadamente, mi ex nunca fue un hombre de redes sociales. Por mi trabajo, yo tengo que estar muy activa y me hubiese torturado adicionalmente, por ese medio. Sin embargo, él se las ingenió, para crearme inseguridades y celos con mujeres que habían sido parte de su pasado y con las que entraba en contacto en el presente.

En sus arsenal de maldades, el psicópata normalizado también utiliza un arma cruel que complementada, con la triangulación, es letal psicológicamente para sus víctimas y se trata del gaslighting, como lo expliqué anteriormente aunque el título no tiene que ver con la acción, se trata del fenómeno de desquiciarte, de hacerte dudar de tus facultades y desequilibrarte emocionalmente. Recuerdo la noche que Eddie llegó a la casa después de un largo día, en una conferencia cristiana que anualmente reúne a miles de personas, en busca de las revelaciones que Dios tiene, para los creyentes de estos tiempos. Serían las ocho y treinta de la noche y yo estaba preparando una rica cena, porque sabía que mi esposo, había estado trabajando desde las siete de la mañana en el evento y estaría espiritualmente lleno, pero físicamente hambriento. Cuando lo vi entrar, corrí a abrazarlo y el casi me descolgó de su cuello. Me dijo que estaba agotado e inmediatamente, como si le estuviera hablando a una niña de cinco años, que había cometido una travesura, me amonestó al dormitorio y me indicó que me sentara en la cama. Mi corazón se aceleró, porque su actitud era seria y cortante. Cuando empezó a hablar con una calma desesperante, parecía contener la rabia o la frustración, lo hacía parsimoniosamente, como si le estuviera hablando a una bebita y no a una mujer que podía y quería entenderlo. Empezó diciendo que después de haber estado casi doce horas de ese día, buscando la presencia del Señor, junto a cientos de personas, había discernido que yo no lo comprendía, ni le daba el lugar o el valor que él merecía. Que si las cosas no cambiaban, porque ya iban de mal en peor, nuestra relación se iría al abismo y que yo tenía seriamente que empezar a cambiar. —Yo, que hablo tanto— Me quedé muda. ¿De qué estaba hablando este hombre? si hasta la mañana de ese mismo día cuando salió de la casa, la relación estaba en su máximo esplendor; íntimamente estábamos súper bien, hacíamos ejercicio juntos, montábamos bicicleta, limpiábamos, íbamos de compras al supermercado, nos íbamos de viaje cada quince días y por si fuera poco, su relación con mi ex y mi hijo era excelente. Por otra parte, mi relación con su madre, hermano e hijo, también era magnífica. Habíamos iniciado un programa para arreglar su historial crediticio, que estaba por el piso, junto con un plan de ahorro, porque hablamos de comprar nuestra propia casa. Para mí todo estaba marchando a pedir de boca, entonces, — ¿Qué era todo esto? ¡Oh Dios del cielo! — parecía que estuviera hablando de otra relación u otra mujer. Le dije acongojada que no entendía a qué se refería, que por favor me explicara cómo lo estaba irrespetando o qué era exactamente lo que yo estaba haciendo. Le pedí que me explicara de qué manera yo lo estaba ofendiendo y dañando nuestro matrimonio. Él volvió a lo mismo y se pasó cuarenta minutos repitiendo el mismo mini discurso. Yo empecé a llorar de la frustración, porque no entendía y pensé que me estaba volviendo loca. Mientras más le pedía que me explicara, más me confundía. Llegó el momento, que con un ataque de ansiedad me paré de aquella cama y me fui al otro cuarto, a llorar desconsoladamente, mientras le decía que no comprendía lo que estaba pasando.

Pase la noche en ese cuarto y él nunca llegó a ver cómo me sentía. No hizo el más mínimo intento de arreglar las cosas o preguntarme, si quería dormir en nuestra cama. Finalmente me venció la tristeza y el cansancio. Me dormí y cuando desperté, a eso de las dos de la mañana, fui a nuestro cuarto a ver qué había pasado con él, pero no estaba en nuestra cama. Pasaron dos días en el que no me dirigió la palabra, a pesar de que yo trataba de que hiciéramos las paces, hasta que le dije que debíamos ir a ver a nuestros consejeros, espirituales-matrimoniales para que nos guiaran. Llegó allí a regañadientes y cuando nos sentamos frente a estos líderes, me quedé pasmada al ver su pasiva y amorosa actitud. Cuando la pastora le preguntó, qué cualidades le gustaban de mí, el respondió con una paz y seguridad, que yo era lo mejor que le había pasado en la vida, que le fascinaba como yo cocinaba, como lo cuidaba, lo limpia y organizada que era en la casa y que además era una mujer inteligente y trabajadora. Luego para cerrar con broche de oro, añadió tímidamente, ¡Ah y es una mujer muy linda! Entonces, — ¿Qué hacen aquí? — preguntó el otro pastor. Los dos nos volteamos a ver y nos reímos, ¡claro, qué hacíamos allí, con consejeros matrimoniales! si los dos solo teníamos cosas maravillosas que decir el uno del otro. Salimos de la terapia felices, agarrados de la mano y dispuestos a dejar esa mala experiencia en el pasado.

Pasaron dos días y Eddie volvió a la carga, esta vez me acusó de que yo le estaba siendo infiel con el padre de mi hijo. De inmediato le pregunté por qué pensaba que haría algo como eso, si antes de conocerlo, tuvimos que vivir bajo el mismo techo con mi hijo y nunca me acosté con él, entonces porqué habría de hacerlo ahora que estaba casada con un hombre del que estaba enamorada. Él me dijo que había muchas mujeres, que no estaban conformes con nada y que eran infieles por naturaleza. Cuando escuché esa racionalización de su parte me quedé perpleja. Eddie le dije, —no puedo creer lo que estás diciendo, ¿de dónde estás sacando semejante barbaridad? No te he dado la más mínima razón para pensar esas locuras—.

Unas semanas antes, Eddie me llamó en pleno show radial, para decirme que había hablado con mi ex y le había pedido que no visitara la casa, ni que tuviera una relación tan cercana conmigo. Yo tragué en seco, para no decirle algo que lo ofendiera. Conté mentalmente hasta diez y le dije con toda la ternura que pude, — Amor, hablamos cuando termine el show, yo sé que estás tratando de solidificar nuestra relación, pero eso no se hace atacando a otros, sino trabajando juntos en pulir lo que haya que pulir o mejorar. — Me sentía muy consternada con la actitud que Eddie estaba tomando, porque mi ex es el mejor amigo que tengo en la vida, no solo porque ha sido el mejor padre del mundo para un niño autista que ve por sus ojos y oye por su oídos, sino que siempre me había asistido moral y económicamente, como la madre de su hijo, cuando lo he requerido. Aunque parezca irónico, desde que nos divorciamos hace casi veinte años, nunca se ha metido en ninguna de mis relaciones, ni para bien ni para mal. Todo lo contrario, ha tratado de apoyarme o asesorarme financieramente, para que como dice él, en sus propias palabras, "esté bien", porque si la madre de su hijo está tranquila, su hijo estará feliz. Así que, ver que Eddie se pusiera a tratarlo, como nuestro enemigo, me preocupaba mucho. Le traté de explicar al padre de mi hijo que Eddie no tenía malas intenciones y que sencillamente estaba dejándonos saber ahora, que él era el hombre más importante de mi vida. Para ser honesta, no sé si fue que no estuvimos el tiempo suficiente como pareja, para que me aplicara la idealización/denigración o quizás Eddie, se dio cuenta que conmigo esta técnica no funcionaría por la personalidad tan asertiva, que siempre he tenido a lo largo de mi vida. Lo que sí es cierto, es que la máscara del hombre comprensivo, paciente, divertido, deportista y tierno se le empezó a caer. Su actitud cariñosa y detallista empezó a desaparecer. Yo me levantaba a las 5:30 am para estar a las 6:30am en la estación de radio y arrancar el programa a las 7:00am de la mañana.

Cuando nos mudamos juntos después de contraer nupcias, Eddy como parte de su bombardeo amoroso, se levantaba antes de que el despertador sonara y lo primero que hacía, era abrir la llave del baño, con la intención de que cuando yo me metiera a la ducha, el agua estuviera lo suficientemente templada y agradable para que no pasara frío. Me preparaba un desayuno ligero de avena y frutas, o yogurt con frutos secos, me empacaba frutas o vegetales, como merienda para mis mañanas. Se encargaba de empacarme la computadora y mis lentes de leer y como si fuera poco me encendía el auto, para yo solo tuviera que montarme y manejar cinco minutos a la radio. Al principio me parecían exageradas sus atenciones y en broma, le comentaba que me estaba consintiendo demasiado, pero rápido me acostumbre a ellas, la verdad me encantaban todos esos gestos de amor y devoción, — ¿A quién no?

Los sábados, los convirtió en un ritual; me despertaba con el café con leche más delicioso del mundo, seguido de un desayuno digno de un hotel cinco estrellas, servido en bandeja de porcelana, en mi propia cama. Los Domingos que no faltábamos a la iglesia, Eddie se encargaba de escoger mi ropa, y mis zapatos, porque le gustaba combinarla con su atuendo y que luciéramos impecables. Sabiéndose observado, se pavoneaba entre la gente, agarrándome la mano, mientras saludaba a todo el que se encontraba a su paso. Aparentaba ser humilde y tímido, porque casi no hablaba, pero la realidad era, que no tenía tema de conversación. Me consta que detrás de esa apariencia de sencillez se ocultaba un tipo soberbio, que envidiaba los logros y reconocimientos de quienes le rodeaban, ya fuese en su trabajo o entre los mismos servidores de la iglesia. En una navidad la congregación a la que asistíamos y en la que él servía como ujier, realizó un entrega de premios para reconocer la labor gratuita y sacrificada de los servidores de la iglesia, me sacó casi a la fuerza de la celebración, porque ya habían entregado seis galardones y a él no lo habían llamado lo suficientemente rápido al podio principal. Por más que le insistí que esperáramos, porque aún era muy pronto para regresar a casa aquel sábado de navidad y ni siquiera habíamos disfrutado la suculenta cena, que estaban ofreciendo, hizo caso omiso y casi me sacó de allí a empujones. Cuando llegamos a casa y me puse a preparar algo de cenar porque teníamos hambre, alguien le envió un texto preguntándole que dónde estaba, ya que lo estaban solicitando en el podio para otorgarle el premio al mejor ujier de la iglesia de aquel año. Al pasar los meses, sus detalles iban mermando y su carácter dulce y paciente se volvía cada vez más amargo e impaciente. Ya no se levantaba acompañarme, mientras me arreglaba para salir al trabajo. No me lavaba el carro o la bicicleta los fines de semana, como al principio y ya no quería acompañarme a caminar, a ver los atardeceres en la playa o al gimnasio.

Nos acercábamos a los nueve meses de casados, justo la fecha en que la ex novia de Eddie, había profetizado que él empezaría a mostrar su trastorno. Un día le llame diez minutos antes de ir al aire, porque se me habían olvidado los lentes en mi mesita de noche y le dije que por favor me los trajera a la estación de radio, porque estaba a solo cinco minutos de distancia, y se negó rotundamente. Cuando le pregunté por qué no podía hacerme el favor, simplemente me dijo que estaba cansado.

En ese tiempo, Eddie estaba trabajando desde la casa, es decir, que no era mayor inconveniente, podía llevarme los lentes, hasta en pijamas, pero no accedió. Tuve que salir y buscarlos, aunque llegara unos minutos tarde al trabajo. Cuando regresé a casa ese día, le pregunté por qué razón se había negado, y simplemente me dijo, que tenía sueño y que si no me gustaba, yo sabía lo que tenía que hacer. Le pedí que por favor me explicara, qué quería decir con eso, porque yo lo estaba interpretando, como que me podía ir si no me parecía su actitud. Él no respondió. Esa expresión generó una gran discusión entre nosotros. Le manifesté lo mucho que me dolía que me insinuara eso, porque ya no me sentía querida o deseada en la casa, estaba dolida y contrariada. A pesar de que le supliqué muchas veces, que no me volviera a decir que podía irme, si algo allí no me parecía, siguió repitiéndomelo, cada vez que yo le comentaba algo que no le parecía. Viendo cómo iban las cosas, empecé a orar de día y de noche, le confié a mi amiga Julia, el cambio tan radical que estaba dando mi esposo. Le confesé que a veces me sentía como que estaba perdiendo la cordura, porque por más que intentaba complacer a Eddie, este parecía más distante y enojado cada día y yo no entendía por qué. Había alejado a todas mis amistades y también tratado de pelearse con mi exesposo, para que ya no me trajera a mi hijo a la casa.

Después del episodio de la premiación a los servidores de la iglesia, empezó a buscar otro lugar donde congregarse, sin yo saberlo. Me dijo que quería tomar unas clases de teoría para aprender más de religión y que por eso, comenzó a visitar otro ministerio. Julia con la mejor intención de ayudarme a salvar mi matrimonio, me aconsejó que cuando mi compañero se pusiera intransigente que le pidiera perdón, así de simple. Yo la espeté, —¿Pero por qué le voy a pedir perdón, si no le he hecho absolutamente nada malo? Pedir perdón es admitir que le he fallado o le he traicionado, y ha sido todo lo contrario. Es más, he hecho por él, lo que nunca había sacrificado por hombre alguno, y todo porque estaba convencida, que era una relación propiciada y avalada por mi creador, por eso me casé ante un ministro de Dios, bajo sus parámetros y sus leyes y le prometí que estaría con mi esposo en las buenas y las malas, para apoyarlo, alentarlo, respetarlo y amarlo para el resto de mis días.

—Sí, Lily pero el perdón todo lo arregla, el perdón puede derribar barreras — Me insistió. Entonces me sugirió, que tal vez mi perfil de periodista, y presentadora de radio y televisión a lo mejor lo tenía intimidado y reducido, que yo necesitaba menguar un poco, para que él elevara su estima propia.

El próximo desacuerdo que tuvimos, ocurrió precisamente después de salir de una poderosa prédica de tres horas, en la que el pastor hablaba del papel de cabeza y líder del hogar que tiene el hombre en un matrimonio. Parecía un sermón diseñado para mi esposo. — "Si sientes que tu esposa no está alineada al hogar, tú debes encontrar la forma de corregir el curso", — alentaba el pastor. Mientras escuchábamos estas poderosas instrucciones, yo le daba gracias al Espíritu Santo por habernos llevado a ese lugar, en ese momento, para escuchar esta palabra tan oportuna para nuestra relación. Cuando salimos al estacionamiento, para abordar nuestro auto, Eddie con voz cortante, me dijo: — ¿Escuchaste la prédica? era exactamente lo que tu necesitabas escuchar. Espero que hayas captado y pongas en práctica todo lo que dijo el líder. — Yo, tragué entero y con mucha paz le dije: —Creo que el mensaje era para los dos— Entonces explotó. Empezó a gritar como nunca lo había hecho antes, me quedé aterrada, no solo porque era la primera vez que veía ese lado agresivo de mi esposo, sino porque acabamos de salir de una iglesia donde nos habíamos pasado tres horas escuchando alabanzas, y la palabra de Dios. De repente me acordé lo que me había aconsejado mi amiga Julia y entre lágrimas, empecé a pedirle perdón, — Por favor amor, si te lastimé en algo, si te ofendí, perdóname, yo te amo y quiero hacer todo lo que pueda de mi parte, para que esta relación funcione, por favor, te suplico que me perdones. —Le imploré. En la penumbra, porque era de noche pude ver un brillo extraño en sus ojos, su respirar estaba agitado y fue cuando me respondió: — ¡Ah, ahora si pides perdón, pues te vas a cagar en tu madre, porque yo no voy a perdonarte! ¡Ahora vas a ver lo que es bueno y te vas a arrepentir hasta del día en que naciste! — Cuando escuché eso, sentí como si me hubiesen dado con un bate en la cabeza, no le iba permitir a nadie, y menos a un hombre al que le había entregado mi vida, que me amenazara. Yo no era ni una niña, ni una desquiciada mental. No estábamos en un país islámico, para que me intimidara de esa manera, y entonces le respondí, que hasta ahí nos había traído el río, porque yo no daba más y nuestra relación había terminado.

Cuando llegamos a la casa, yo empecé a empacar mi ropa en el maletero de mi auto y él se quedó en el family room, viendo un programa local de mujeres semidesnudas, que le encantaba. Cuando se acordó que yo estaba disgustada, llegó al garaje y me dijo que me dejara de bobadas. Yo ya tenía hasta mis perritos dentro del carro, así que ni lo miré. Abrí la puerta automática del garaje y salí apurada, al ver como apretaba los puños y se mordía el labio inferior.

Esa noche llegué a la casa de mi mejor amiga y lloré hasta el amanecer. Gracias a Dios era viernes y tenía dos días para analizar la situación. Eddie llamó a nuestro pastor a la mañana siguiente, para informarle que yo me había ido de la casa, éste lo citó para ese mismo sábado en la tarde, en su oficina, pero Eddie canceló y tampoco asistió a dos citas siguientes, que él le concedió. Por su lado empezó a enviarme mensajes de texto diciéndome que me amaba y que la casa me estaba esperando, pero yo veía que él no hacía nada para realmente arreglar las cosas.

Primero no quería reunirse con nuestro pastor o ministros matrimoniales, es decir, no quería consejería. Se limitaba a enviarme mensajes, pero no era capaz de hablarme ni una vez por teléfono, para tener una conversación real y fluida y como si fuera poco, desde que me fui de la casa, nunca se presentó en la puerta de la estación de radio, que quedaba a cinco minutos de su casa. Él sabía a qué hora entraba y bien pudo haberse acercado, una de esas mañanas, para que habláramos personalmente. Asumo que ya tenía otra víctima en mente y planes por su lado.

En menos de un año, se había casado con una mujer sumisa e idealista, poco después de haberse divorciado de mí. Cuando salí del aturdimiento de esa experiencia y me puse a hacer lo que tenía que haber hecho, antes de casarme con un desconocido, descubrí información, que de haberla sabido, jamás me hubiese comprometido con él. Por ejemplo, yo era la quinta esposa. Con ninguna había durado más de dos años de matrimonio. A Pesar de haber ganado buen dinero en los últimos veinte años, no tenía ni mil dólares ahorrados y un crédito totalmente arruinado. Eso decía mucho de su carácter y disciplina. Solo tenía un hijo, al que nunca ayudó ni espiritual ni financiera, ni emocionalmente.

Cuando empezábamos la relación, hicimos varios viajes a Orlando, para visitar a su madre a quien ponía a cocinarle todos sus antojos, a pesar de mis protestas. En esas cuatro horas de viaje desde Miami, Eddie me contó en varias ocasiones, entre lágrimas y voz entrecortada, cómo Dios lo había rescatado de las drogas, cuando crecía en las calles de New York City y la niñez tan dura que le tocó vivir, junto a su padre infiel, que golpeaba sin cesar a su madre y a sus otros hermanos, para justificar la mala vida que les daba. Me mencionó que la madre de su único hijo, era drogadicta, estaba enferma y por eso, él no pudo hacer su vida con ella. Pero yo al verlo conmovido enormemente, cuando hablaba de su pasado, prefería no hacerle preguntas. No tenía razón, para no creerle. Pensaba que en algún momento, se daría la ocasión para que pudiéramos hablar con calma, de todos esos tristes recuerdos.

Luego confirmé, que era un mentiroso compulsivo, además de ser un buen actor. Al principio derramaba lágrimas de cocodrilo con mucha facilidad, relatando su traumático pasado, escuchando un testimonio de un milagro en la iglesia o viendo una película, con un mensaje conmovedor. Pero al pasar unos seis meses, nunca más se esforzó por armar su teatro, pues se dio cuenta, que yo, ya había caído en su trampa. Tenía una tensa relación con sus hermanos y a su madre anciana, la trataba sin ninguna consideración. Yo observaba no era amoroso con ella, no la ayudaba física, ni financieramente y siempre estaba enfrentado con sus hermanos, por temas que yo desconocía y eso seguro, le causaba mucha angustia a la indefensa señora.

Una vez se puso furioso conmigo, porque le sugerí que le enviáramos cien dólares mensuales a su madre, para que pudiera llevar a su amado perro al groomer y ella pudiera visitar la peluquería, de vez en cuando, ya que lo que recibía del seguro social, apenas le alcanzaba para pagar el humilde apartamento, donde residía con otro de sus hijos. Eddie, al escuchar mi petición, levantando la voz y con el ceño fruncido, me dijo que él no era banco y que todo el mundo quería, era su dinero. La verdad, esto no era así, ya que a mí me tocó comprar los muebles de sala, comedor, los adornos, platos, ollas y muchas otras cosas de la casa. El solo me regaló un espejo, que luego me quitó, cuando fui con la compañía de mudanza, a recoger mis cosas. No me aparecí de un momento al otro, me tomé el trabajo de avisarle, tres semanas antes y cada lunes le enviaba un mensaje recordándole, —Eddy te aviso que el 27 Marzo iré por mis cosas y cuando las saque de allí, no volveré nunca más. Esa advertencia era con la intención de que si realmente quería preservar nuestra relación, hiciera algo sustancial para salvarla, pero no, no hacia absolutamente nada, hasta que llegó el día de ir por mis pertenencias.

Contraté a un grupo de hombres que pertenecen a un ministerio, en el que fueron reformados tras cometer una falta social o moral. Con ellos me sentía segura, no solo estaban buscando de Dios, sino que ya los había contratado, para mudanzas anteriormente. También le pedí a mi mejor amiga, que me acompañara a empacar las cosas pequeñas que estaban guardadas en todos los rincones de aquella inmensa casa, que yo llené con tanto amor. Mientras esperaba a mi amiga, para no llegar sola a la casa, nos retrasamos un poco y cuando estuvimos a solo pies de distancia de la casa, notamos que los muchachos de la mudanza, ya estaban montando muebles al camión, con la ayuda de Eddie. No nos dirigió la palabra, hasta que encontró a mi amiga y a mí empacando los platos y electrodomésticos en la cocina.

—"De todas formas tú me estabas siendo infiel"— me dijo delante de mi compañera. Esta me miró como si estuviera hablando un extraterrestre, porque sabía que era una vil mentira, y que lo dijera en presencia de gente que me conocía bien, era malintencionado. Ella se limitó a mirarme como diciéndome, — ¿está chiflado el tipo? — Yo pensé unos segundos y entonces le dije a Eddie: — Si en algún momento tuve dudas de esta separación, me acabas de corroborar, que estoy en lo correcto, tú no tienes la menor idea, con qué clase de mujer te casaste. Mientras tanto Eddie seguía buscando en todos los rincones de la casa, para asegurarse de que no se me quedará nada, mientras repetía: —" Que no se te olvide nada nadita porque aquí, tú no vuelves a entrar". Cuando por fin terminamos de sacar todo, salimos hacia nuestros respectivos vehículos y entonces logré divisarlo por el espejo retrovisor del coche, a una media cuadra, observando cómo me alejaba de allí.

La próxima vez que lo vi, fue en el juzgado cuando nos tocó presentarnos, personalmente ante la juez, para firmar nuestro acuerdo de divorcio. Apenas nos miramos o dirigimos la palabra. Cuando él firmó, salió del juzgado, como alma que lleva al diablo y yo me fui con una buena amiga a almorzar y a tomarme una buena copa de vino. Estaba segura que lo peor había pasado y aunque había sido herida, me repondría. Más tarde comprendí que esa lección le serviría a personas como tú, que en este mismo instante estás leyendo estas letras, seguramente porque estás pasando o conoces a alguien que ha pasado por algo similar.

Tengo para decirte mi amiga(o) del alma que el hecho de que hayas sido cazado o cazada por un psicópata, con máscara de príncipe, habla maravillas de la clase de persona que eres, porque estos desalmados solo apuntan a seres nobles, luchadores, generosos, usualmente destacados en su círculo social. Estuviste en un momento vulnerable, susceptible como hemos estado todos, en algún momento de la vida y haciendo uso de ésta metáfora, del reino animal, el tiburón olió tu sangre. Es decir, el depredador identificó tu necesidad y se apareció en tu vida en el momento justo, cuando necesitabas ese escape, esa esperanza, una lucecita al final de ese oscuro túnel. Seguramente te abrazó fuerte, te dijo las palabras más dulces que jamás oíste y te hizo el amor como nadie lo había hecho. Desde entonces, empezaste a recorrer un camino de placeres que se fueron convirtiendo en calles de amargura, hasta llegar a un infierno.

Si lograste escapar de las garras del psicópata, ¡Agradece! pues ya pasaste lo peor y sigues con vida. Ahora necesitarás mucho valor, mucho amor propio y el apoyo de la gente que realmente te ama, que además esté dispuesta a ayudar, sin juzgarte. Es que según los conocedores de tema, volverás una y otra vez a caer en sus garras y cada vez será peor el daño. Hasta siete veces intentarás dejar la relación, antes de que lo logres. Yo triunfé en el primer intento, porque ya estaba advertida por su ex y además duramos nueve meses de luna de miel y tres de tormento.

Como aconsejan los expertos en psicopatía, deberás cortar todo contacto con el psicópata, si puedes mudarte de ciudad, cambiarte de empleo, en caso de que trabajen juntos. Pero si tienen hijos en común, entonces limitar el contacto lo máximo posible y solicitar la ayuda de un profesional, para que medie entre las tres partes. Yo sé que es fácil decirlo y muy duro ejecutarlo, porque aunque tú sabes que no te ama y nunca te amó, solo buscó complacer alguna necesidad cuando te conquistó, y eso es muy difícil aceptarlo. Es como quedarse atado emocionalmente a esa pareja, prefiriendo el dolor ante la idea que nunca más le verás, le tocaras o le besarás. Es importante que sepas, que esto es una adicción, igual que la cocaína, o la pornografía. Sabes que te destruye y que no sacas nada bueno en consumirla, pero es algo mucho más fuerte que tú. La buena noticia es que se puede salir de una relación así, si te lo propones, un día a la vez. Yo lo logré y los videos de decenas de personas que han pasado por lo mismo y han logrado sobrevivir, son testimonios poderosos de que tú también triunfarás.

Recuerda que eres resiliente y valiente y cuentas con la información y las personas que te recordarán el camino cuando te pierdas.

Recomendaciones

• Busca a un(a) terapista con experiencia en víctimas de psicópatas, para que te ayude a rescatar dentro de ti, todo lo que el desalmado te robó.

• Únete a grupos de personas que hayan pasado por esa experiencia y trata de canalizar tus energías ayudando a otros. Verás cómo se acelera tu recuperación. Habrá recaídas donde sentirás que no quieres seguir luchando, ahí es donde necesitas un oído paciente y un hombro fuerte que te sostenga.

• Recuerda que los dolores de cabeza, el insomnio, la pérdida de memoria a corto plazo y los ataques de ansiedad son residuos crueles de lo que acabas de experimentar, pero todo pasará en su momento. Ahora es tiempo de tenerte paciencia, mimarte, consentirte mucho y recordar que tú puedes elaborar tu propia felicidad, porque está ahí dentro de ti.

• Ora, medita, busca a tu creador y tu propósito infinito.

Mi más valiosa recomendación es que, para la próxima relación, te tomes el tiempo de conocer a ese ser, que parece tan especial, único y maravilloso. No te aceleres, porque sientes mariposas en el estómago y no te lo puedes sacar de la cabeza. Averigua, indaga, hoy en día hay aplicaciones y páginas web, donde te dicen casi todo sobre esa persona que te está cortejando. Simplemente con un nombre, apellido y una dirección, te sacan los últimos diez años de su pasado y eso te puede revelar muchas cosas. Cuando las personas te digan cosas desagradables de él o ella, no los ignores, algo de base tendrán.

Si un hombre se ha divorciado tres o cuatro veces tiene muchas más posibilidades de que siga el mismo patrón, si una mujer abandonó a sus hijos pequeños por su vecino, eso debería decirte algo.

Observa cómo este nuevo galán se lleva con su familia, no solo en las reuniones superficiales de cada mes, si no a lo largo de su historia, la forma en que realmente trata a las personas que le prestan alguna clase de servicio.

Intenta reunirte brevemente y hablar de todo corazón con una o dos de sus exparejas, para que te cuenten confidencialmente, cómo fueron en su relación. Poca gente querrá mentirte para que tu caigas en lo mismo. No te involucres mucho emocionalmente y menos sexualmente, el sexo es un arma muy poderosa que usan estos seres malignos y la utilizan magistralmente.

No busques a nadie por necesidad porque te convierte en presa fácil. Cuando sepas crear tu propia felicidad y estar contenta contigo mismo, entonces estarás listo para compartir tu vida con otro ser humano. Dios está en ti, para ti, y por ti. ¡No lo ignores!

Señales de alerta, que podría tratarse de un psicópata integrado

1) Es irresistiblemente encantador, jovial y divertido. Entabla amistad fácilmente. Atrae gente como la abeja al panal. Es el alma de las fiestas, es servicial, comedido, generoso. Pisa y deja huella.

2) Se mueve con mucha seguridad, habla con autoridad como si fuera un experto en cualquier tema. Viste muy bien y sabe llevar su atuendo. Cuida su apariencia física.

3) Es agresivo física y sexualmente, es muy diestro en la intimidad. Es promiscuo. Igual se engancha con hombre que con mujeres, con gente mayor o menores de edad.

4) No siente empatía, compasión, culpa o arrepentimiento.

5) Vive el momento y es impulsivo.

6) Tiene un desarrollado sentido de grandiosidad, se cree más inteligente o mejor que el resto.

7) No tiene relaciones amorosas, afectivas ni sociales largas o estables.

8) Es un mentiroso compulsivo.

9) Derrocha su dinero y el de los demás, no es buen administrador de sus finanzas.

10) No acepta críticas, consejo o dirección.

11) Se aburre rápido y fácilmente, busca continuamente estimulación.

12) Tuvo problemas de comportamiento en su niñez y adolescencia.

13) Hace planes y tiene ideas irrealistas.

14) No acepta responsabilidad por nada.

15) Tiene habilidad para engañar, engatusar y enredar a la gente.

16) Le gusta retar las leyes, las normas, el "status quo".

17) Le atrae la velocidad, las aventuras exóticas, los deportes extremos.

18) Es insensible, manipulador, astuto.

19) Es limpio, organizado y presumido.

20) Tuvo o tiene roces con la justicia.

21) Hace planes futuros pero no hace nada concreto para alcanzarlos.

22) Se adapta a la escasez o la riqueza sin dificultad.

23) Son muy desagradecidos.

24) Viven un estilo de vida parasitario.

25) La envidia y la venganza, son unas de las pocas emociones reales que sienten.

Si la persona con la que estás, muestra por lo menos 15 de estas características, lo más probable es que estés lidiando con una psicópata o un psicópata integrado. Si muestra más de diez, es que tiene tendencias psicópatas, que también representan un serio peligro para tu salud mental, emocional y hasta financiera.

Para terminar, la más importante recomendación que hacen los expertos en psicopatía, los estudiosos del tema o aquellos que caímos en el macabro baile de estos perversos seres de la oscuridad es:

Si tienes la bendición de detectar a un psicópata a tu alrededor, ¡Corre, corre, y corre por tu vida, sin mirar atrás! No te pase como a Edith, la mujer de Lot en el relato de la biblia, sobre la huida de Sodoma en destrucción, que por darse la vuelta, —desobedeciendo el mandato de Yahveh— se convirtió en estatua de sal. Si se trata de alguien que no puedes sacar de tu vida, como un hijo menor de edad, entonces toma todas las medidas posibles, cuídate, cuida a tu familia y a tus amistades, de sus mentiras, manipulaciones y maldades.

Lo más importante: No te desconectes nunca de la verdadera fuente de luz y amor puro y eterno. Solo cuando estamos en la penumbra y dominados por este mundo caído y confundido, es cuando nos volvemos presa fácil, de estos lobos disfrazados de ovejas, infiltrados entre nosotros, estos PSICÓPATAS INTEGRADOS.

Acerca De La Autora

Liliana Marín, periodista Colombo-Americana con más de treinta años de experiencia en los principales medios de comunicación de los Estados Unidos. Recipiente de dos Emmy Awards, el máximo galardón al periodismo, otorgado por los medios de comunicación americanos. Galardonada cinco veces consecutivas por los premios A.C.E como presentadora de noticias, en la cadena Univision, New York, entre otras distinciones por coberturas especiales como, el Huracán Andrew en 1992 y la invasión pacífica en Somalia, un año después.

Actualmente conduce varios shows radiales, produce algunos especiales para televisión, y se desempeña como Coach de radio y televisión.

Tabla de Contenido

ME CAZÓ UN PSICÓPATA

Asesoría editorial y literaria
Massiel Alvarez
Diseñada por
Germán García

Contacto: bookmasterscorp@gmail.com

Made in the USA
Columbia, SC
24 January 2020